Je trouve que la télévision est un outil très éducatif.
Chaque fois que quelqu'un l'allume,
je vais dans une autre pièce pour lire un bon livre.
— Groucho Marx

# LE BUDDHIST BOOT CAMP

## par Timber Hawkeye

Traduit de l'américain par Carole Ayoul

LE BUDDHIST BOOT CAMP
Copyright © 2016 - Timber Hawkeye
Tout droits réservés.

par Timber Hawkeye
Traduit de l'américain par Carole Ayoul

TimberHawkeye.com
Aucune reproduction de cet ouvrage, même partielle, quel que soit le procédé, n'est autorisée sans la permission écrite de l'éditeur, sauf en cas de citation brève dans des articles et revues critiques.

(CC BY-NC-ND)
Paperback ISBN      978-1-946005-00-7
Hardcover ISBN      978-1-946005-12-0
Ebook ISBN          978-1-946005-01-4

# Entraînement de Base

Les chapitres de ce livre sont courts et faciles à comprendre, et peuvent être lus dans n'importe quel ordre.

Introduction..........................................................................................*i*

## VIVRE EN PLEINE CONSCIENCE

S'accrocher..........................................................................................1

Entraîner le Mental..............................................................................3

La Situation dans Son Ensemble.........................................................5

La Vie, C'est du Gâteau!......................................................................7

Faire Mieux Avec Moins.....................................................................9

Désapprendre....................................................................................11

Calme et Serein.................................................................................13

Nous Sommes les Victimes
de nos Propres Choix........................................................................15

L'Utopie............................................................................................17

Ne Laisser Aucune Trace..................................................................19

## L'AMOUR ET LES RELATIONS

L'amour est la Reconnaissance de la Beauté....................................23

Portrait d'une Relation Saine............................................................25

Le Jour de Mon Mariage...................................................................27

Les Sentiments Versus les Émotions..........................................29

Responsabilité Sexuelle................................................................31

Un Petit Discours
Peut Faire Toute la Différence..................................................33

Le Pouvoir Thérapeutique de l'Amour....................................35

## RELIGION/SPIRITUALITÉ

Une Définition Simple de Dieu.................................................39

La Divinité Intérieure..................................................................40

Le Danger des Écritures Saintes...............................................41

La Prière, la Méditation ou les Deux ?....................................43

Donner l'Exemple.........................................................................45

Le Karma........................................................................................47

Le Message, Pas le Messager......................................................49

Se Servir du Bouddhisme comme Essuie-Glace....................51

Enseigner aux Enfants Comment Penser,
et Non Pas Quoi Penser.............................................................55

Le Monde Entier est Votre Maître............................................57

Un Pseudo-Problème Avec La Règle d'Or..............................59

## COMPRENDRE

Le Contraire de Votre Vérité est Également Vrai..................63

Réécrire les Histoires que l'On se Raconte.............................65

La Vérité d'Un Homme est Le Blasphème d'Un Autre ........... 69

Le Repentir .......... 72

Continuer à Apprendre .......... 74

Le Juste Milieu .......... 77

La Beauté du Gris .......... 79

Vivre et Laisser Vivre .......... 80

Le Vote .......... 83

## LE SUCCÈS

Le Véritable Luxe .......... 87

La Notion de Carrière est Exagérée .......... 89

Savoir Se Retirer .......... 91

Le Succès Signifie Être Heureux .......... 92

Redéfinir ce qui est Suffisant .......... 93

Une Vie Simple .......... 95

La Connaissance est à Peine la Moitié de la Bataille .......... 97

## LA COLÈRE, LES INSÉCURITÉS ET LES PEURS

À l'Origine de Notre Souffrance .......... 101

L'Origine de la Colère .......... 103

Les Deux Loups .......... 105

Connaître l'Antidote.................................................................106

Il n'est Jamais Trop Tard......................................................109

Maîtrisez Vos Humeurs..........................................................112

Les Insécurités........................................................................113

La Souffrance Derrière Nos Peurs.......................................114

Être Reconnaissant pour Chaque Respiration....................117

## VIVRE DANS LA GRATITUDE

Mieux Vaut Prévenir que Guérir..........................................121

Les Versions de la Violence...................................................124

Pourquoi la Gratitude est Si Importante.............................125

Une Manière Simple d'Être le Changement.......................127

Les Pensées, les Mots et les Actions.....................................129

Faire ce qui est Juste..............................................................131

Le Militantisme......................................................................133

La Pérennité............................................................................135

À Vous de Décider !................................................................136

La Charte de la Compassion.................................................137

Plus Facile à Dire qu'à Faire.................................................139

Ce livre vous est dédié.

En résumé…

J'étais là, assis devant le Lama tibétain dans mes robes pourpres après des années passées à étudier le bouddhisme. Je lui dis: « Avec tout le respect que je vous dois, je ne crois pas que le Bouddha voulait que ses enseignements deviennent AUSSI compliqués ! »

Mon maître regarda autour de lui et passa en revue toutes les statues de dieux à plusieurs bras et gloussa: « C'est la culture tibétaine qui est responsable de tout ça, pas le Bouddha! C'est leur coutume. Pourquoi n'essayes-tu pas la pratique Zen ? Je pense que ça te plairait ! »

Je quittai donc le temple, retirai mes robes et déménageai dans un monastère Zen loin de chez moi. Il est vrai que le bouddhisme Zen était plus simple (les murs étaient nus et cela me plaisait), mais les enseignements regorgeaient encore de tout le dogme qui m'avait fait fuir la religion.

Il existe déjà de nombreux livres formidables qui couvrent tous les aspects de la religion, la philosophie, la psychologie et la physique mais je cherchais quelque chose de moins 'académique' en quelque sorte. Je voulais quelque chose qui inspire, que les gens d'aujourd'hui pourraient non seulement lire jusqu'au bout mais aussi qu'ils comprendraient et qu'ils mettraient en pratique dans leur vie quotidienne. J'imaginais un guide du bonheur tout simple qui n'aurait que deux mots: « Soyez Reconnaissant. »

La reconnaissance nous permet d'être satisfaits avec ce que nous avons et c'est l'objectif premier de ce Buddhist Boot Camp.

Les chapitres courts transmettent tout ce que j'ai appris au fil des années de manière simple à comprendre, sans connaissance préalable nécessaire sur le bouddhisme. D'ailleurs, ce livre n'est pas fait pour devenir bouddhiste mais pour être un Bouddha. Chaque chapitre est soit un passage de mon journal, soit un email personnel que j'ai partagé avec des amis afin de documenter mes observations et mes prises de conscience. Le titre du livre est celui que je donnerais à mon journal si je devais lui donner un nom.

Il est tout à fait possible (et ça ne pose aucun problème) d'être catholique, musulman, athée ou juif par exemple et d'être inspiré par les enseignements du Bouddha. On peut aimer Jésus, répéter une incantation hindoue et se rendre au temple après la méditation matinale. Le bouddhisme ne menace aucune religion. Il renforce au contraire votre foi existante et développe votre amour en incluant toute forme de vie.

Le Boot Camp est une méthode d'entraînement et le bouddhisme concerne justement l'entraînement de l'esprit. Nombreux sont ceux qui prétendent ne pas avoir le temps de méditer le matin mais recherchent quand même une aide spirituelle libre de tout dogme ou rituel. C'est exactement ce que le Buddhist Boot Camp propose dans ce format concis et facile à digérer.

Vous êtes à présent un soldat de la paix dans l'armée de l'amour. Bienvenue au Buddhist Boot Camp!

Votre frère,

Timber Hawkeye

# Vivre En Pleine Conscience

## S'accrocher

Nous avons l'habitude d'accumuler les vieilles cartes d'anniversaires et les souvenirs, les relevés de comptes bancaires et les reçus, les vêtements, les appareils électriques endommagés et les vieux magazines et de la même manière, nous nous accrochons à la fierté, la colère, à des opinions qui n'ont plus lieu d'être et à nos craintes.

Si nous sommes tellement attachés aux choses tangibles, imaginez à quel point il est difficile de se libérer de nos opinions (sans parler d'ouvrir nos esprits à des idées nouvelles, des points de vue différents, d'autres possibilités et un avenir nouveau). Nos convictions finissent par se solidifier et deviennent notre unique vérité et réalité, ce qui nous éloigne encore plus de ceux dont les croyances diffèrent. Non seulement cette distance nous sépare mais elle nourrit aussi notre fierté.

Et d'ailleurs, c'est la peur qui fait que l'on s'accroche de cette façon.

Pourquoi avons-nous si peur du changement, des étrangers, du nouveau et de l'inconnu ? Est-ce que le monde n'a pas continuellement fait preuve de beauté, de sincérité et d'amour à travers chaque génération ? Sommes-nous tellement tournés vers l'ombre que nous ne voyons plus la lumière ou que nous l'avons même oubliée ? Vous vous souvenez du film 'L'Histoire Sans Fin ? C'était pareil : à la minute où les gens arrêtent de croire à la réalité, elle cesse d'exister.

L'amour existe ! Et il est tout autour de nous. Il vibre à travers chaque acte de bonté, chaque service, à travers l'art et la famille.

La peur existe elle aussi; elle s'insinue derrière les doutes, le désespoir, l'hésitation, la haine, la jalousie, la fierté et les mensonges.

Prenez l'habitude d'observer vos pensées et voyez si elles sont motivées par l'amour ou par la peur. Si vos pensées sont inspirées par l'amour, suivez-les. Mais si elles proviennent de la peur, essayez d'en comprendre son origine. C'est seulement alors que vous pourrez enfin lâcher prise pour que la peur ne soit plus un frein à vos aspirations.

Il n'y a aucune raison de se plaindre ou d'avoir peur ; tout est possible si nous vivons les uns POUR les autres.

Pour ma part, tout ce qui ne profite pas aux autres ne vaut pas la peine d'être entrepris.

> *Tout le bonheur du monde*
> *vient d'un coeur altruiste,*
> *et tout son malheur de l'amour de soi.*
> *— Shantideva*

# Entraîner le Mental

Votre esprit est comme un enfant riche et gâté ! Vous l'avez élevé pour qu'il pense ce qu'il veut, quand il veut et aussi longtemps qu'il le veut, sans égards pour les conséquences ou sans aucune gratitude. Et maintenant que votre esprit est adulte, il ne vous écoute jamais ! Parfois, vous voulez vous concentrer sur quelque chose mais votre esprit vagabonde vers les pensées de SON choix. À d'autres moments, quand vous voulez vraiment arrêter de penser à quelque chose, votre esprit ne peut pas s'empêcher de le ressasser.

Entraîner le mental signifie être le maître de vos décisions au lieu de succomber aux envies et aux soi-disant 'désirs incontrôlables'.

Connaissez-vous un meilleur moyen qu'un boot camp pour mater un enfant riche et gâté ?

Commençons par le commencement : arrêtez de vous autoriser toutes vos envies. Sinon, l'enfant gâté est conditionné pour continuer à faire tout ce qui lui plaît.

Il n'est pas question de privation, là n'est pas mon propos. Vous pouvez quand même manger une glace par exemple, mais seulement quand vous le décidez, pas quand une envie 'prend le dessus'. Ce n'est pas la même chose.

Quand une pensée surgit, observez-là ; ne réagissez pas. « Oh, j'ai vraiment envie d'une glace »… Bien. Qu'est-ce que ça fait de vouloir quelque chose mais de ne pas toujours l'obtenir ?

Les premières fois que vous entraînez votre esprit, vous verrez le petit enfant en vous piquer une colère, ce qui est très amusant d'ailleurs. Mais c'est compréhensible ; vous ne lui avez jamais dit 'non' auparavant. Il est grand temps de commencer !

Vous finirez par vous rendre compte que vous avez en fait plus de liberté quand vous prenez le contrôle de vos choix. C'est délicat ; j'espère simplement que ce chapitre est clair.

> *Les choses se passent mieux*
> *pour ceux qui essaient de faire au mieux*
> *avec la façon dont les choses se passent.*
> *— Art Linkletter*

# La Situation dans Son Ensemble

Nous courons vers un but ou un rêve, ou une ligne d'arrivée inaccessible. Sous prétexte d'être à la recherche du bonheur (et de la réponse aux questions sérieuses du genre : « Où vous voyez-vous dans 5 ans ? »), nous imaginons une version différente de nous-mêmes, existant dans un avenir lointain – souvent plus riche, plus calme, plus stable et plus sage.

En conséquence, nous prenons très peu de temps pour apprécier là où nous sommes aujourd'hui. A se concentrer uniquement sur la façon dont les choses 'pourraient être', nous ne savons pas apprécier le fait que tout va déjà bien.

Malheureusement, cet état d'esprit affecte la façon dont nous abordons presque tous les aspects de nos vies : au lieu d'être reconnaissant pour ce que nous avons déjà, nous nous fatiguons avec des envies, des désirs pour ce que nous n'avons pas encore accompli ; et plutôt que de voir la beauté et la valeur des amitiés et des relations présentes dans nos vies (et à quel point nous avons de la chance de les avoir), nous les considérons comme inférieures par rapport aux versions imaginaires que nous avons créées d'elles dans nos esprits.

Si nous ne savons pas nous féliciter pour ce que nous avons déjà accompli, nous avons tendance à ne donner que peu de crédibilité aux efforts des autres. Quand nous sommes impatients avec nous-mêmes, comment pouvons-nous pardonner aux autres ? Et tant que nous continuerons à nous juger quand nous nous regardons dans le miroir, nous ferons la même chose avec tous ceux qui nous entourent.

Est-ce que cela ne serait pas génial de s'arrêter, même pour une minute, de façon régulière, et de méditer sur le fait que tout est déjà merveilleux ?

Faites une pause et saluez les progrès que vous avez déjà faits dans votre vie, reconnaissez les dons que vous AVEZ déjà et sachez apprécier la vie elle-même pendant quelques cycles de respirations.

Nous évoluons sans cesse, nous nous développons, nous apprenons et nous grandissons. Admettons-le, ça ne s'arrêtera jamais.

Prenez un peu de recul et remarquez comme les petits détails qui nous tracassent semblent disparaître quand nous considérons la situation dans son ensemble.

*Je ne suis peut-être pas allé là où j'en avais l'intention,*
*mais je pense que je suis arrivé là où je devais être.*
*— Douglas Adams*

# La Vie, C'est du Gâteau!

Récemment, un ami m'a demandé s'il y avait quoi que ce soit que j'aimerais changer dans ma vie, et j'ai instinctivement répondu : « Absolument rien ! Je suis plus satisfait que je ne l'ai jamais été et plus heureux que je ne l'aurais cru possible. »

Il m'a répondu : « Tu aimerais sûrement avoir plus d'argent, une plus grande maison ou QUELQUE CHOSE, non ? » Et ma réponse fut : « Non. » Je suis déjà heureux ; qui sait ce que plus d'argent apporterait à ma vie ?!

Voilà comment ça marche : si la vie est une recette de gâteau que nous essayons de parfaire, alors ma recette est PARFAITE pour le moment (avec la mesure idéale de farine, de sucre, de bicarbonate de soude, etc.). Y ajouter plus de sucre par exemple n'en ferait pas nécessairement un meilleur gâteau. En fait, cela pourrait tout gâcher.

Alors si vous n'êtes pas satisfait de votre vie, trouvez les ingrédients qui la rendent amère et retirez-les. N'écoutez pas les pubs qui vous disent d'étaler une couche plus épaisse de glaçage : vous vous retrouveriez simplement avec un gâteau amer recouvert de glaçage.

Les gens disent des choses du genre : « Si je pouvais juste partir en vacances à Hawaii, ma vie serait meilleure ! » Le problème, c'est qu'à votre retour des Iles (ou, en d'autres termes, quand vous aurez fini de lécher le glaçage), votre gâteau amer sera toujours là à vous attendre.

En revanche – et c'est là que ça devient intéressant – si vos ingrédients sont PARFAITEMENT dosés, alors votre vie est formidable (avec ou sans glaçage). Tous les petits plaisirs qui viennent s'y ajouter deviennent la cerise sur le gâteau !

Nous avons alors l'occasion d'essayer une nouvelle recette chaque matin (surtout si on mord la vie à pleines dents). Et même si un jour, votre gâteau devient amer, ça arrive – faites-le différemment demain. Évitez simplement de blâmer les autres s'il n'est pas réussi ; on fait tous son propre gâteau.

Je vous livre un petit secret : même si on a tous des recettes différentes, les principaux ingrédients pour réussir sa pâte sont l'amour, la gratitude, la bonté et la patience. Et l'unique ingrédient qui rend tous les gâteaux amers c'est la peur, ne l'utilisez pas !

Bon atelier pâtisserie à tous !

*Si nous continuons de faire ce que nous avons toujours fait, nous continuerons d'être ce que nous avons toujours été.*
— *Anonyme*

# Faire Mieux Avec Moins

Mon père voulait savoir ce qu'était devenue ma vie après des années à m'entendre parler de simplification et de minimalisme. Je lui ai dit que pour VRAIMENT comprendre, il devait venir vivre avec moi pendant un mois, et c'est ce qu'il a fait.

Il est le type même du consommateur matérialiste et quand il est entré dans mon petit appartement, il s'est exclamé : « Mon Dieu ! Mais tu n'as rien ! »

Cependant, après avoir vécu avec moi pendant un mois, à m'aider à préparer les repas, à faire de longues promenades quotidiennes, à lire, écrire, rencontrer des gens et à véritablement goûter à la simplicité de la vie, il m'a pris dans ses bras avant d'embarquer dans son avion de retour et m'a dit : « Ta vie ne manque de rien. »

Ça m'a donné les larmes aux yeux parce qu'il avait vraiment compris. Ses deux affirmations étaient vraies : je n'ai rien (au sens matériel), et pourtant, ma vie ne manque de rien.

Quand j'ai partagé cette histoire sur la page Facebook de "Buddhist Boot Camp", j'ai reçu des centaines de commentaires formidables de la part des lecteurs qui ont vraiment compris le sens du moment que j'ai passé avec mon père.

Travailler à mi-temps pour pouvoir vivre une vie à plein-temps est la meilleure décision que j'aie jamais prise. Je ne pense pas avoir 'sacrifié' une vie de 'luxe' ; j'ai simplement échangé les biens matériels et l'illusion d'abondance pour un bonheur réel et véritable.

J'ai changé d'appartement tous les 6 mois quand j'étais plus jeune, c'est comme ça que j'ai appris à ne pas garder QUOI QUE CE SOIT qui doive être remballé dans des cartons ultérieurement. Pas de babioles, pas de souvenirs, pas de 'trucs'.

C'est vraiment agréable d'être si léger et libre de tout attachement aux choses. Mais si jamais vous hésitez à jeter ou donner quelque chose qui évoque des souvenirs, rappelez-vous que vous ne donnez que l'objet, pas le souvenir.

Si vous avez peur d'oublier quelque chose, prenez-en une photo (elle ne prendra pas de place). Si vous tirez un trait sur le passé, il fera de même avec vous.

A présent, déployez vos ailes et envolez-vous !

> *Tu n'as rien,*
> *et pourtant, ta vie ne manque de rien.*
> *— Mon père*

# Désapprendre

Je ne suis pas sûr que la sagesse soit une question d'acquérir des connaissances supplémentaires, c'est plutôt une manière d'abandonner l'illusion que nous détenons une vérité universelle.

Mon père a fait une remarque intéressante quand je lui ai parlé de mon cheminement. Il m'a dit : « Tu n'essaies pas d'apprendre quoi que ce soit de nouveau. Tu es en train d'essayer de retomber en enfance, non ? »

Je pense que c'est vrai dans une certaine mesure. A cet âge-là, je ne savais pas ce qu'étaient les préjugés ou le jugement. J'étais fasciné par tout le monde quel que soit leur race, leur poids, leur taille, leur sexe ou même leur espèce.

En fait, je crois que nous naissons tous bienveillants et compréhensifs, avec la capacité d'aimer inconditionnellement tous les êtres vivants sans exception. Pourtant, dès que nous grandissons, nos parents, nos professeurs, nos prêtres et la société nous enseignent qu'il ne faut aimer que sa famille et ne faire confiance qu'à elle ou tout au plus, aux gens de la même couleur.

En conséquence, au moment où nous entrons au collège, nous sommes tellement déconnectés les uns des autres que nous sommes capables de regarder une nation entière mourir de faim à la télévision et de pas sentir ne serait-ce qu'une once de compassion, simplement parce qu'ils ne nous ressemblent pas. Il faut parfois attendre jusqu'à la fin du collège (et encore) pour enfin se réveiller et prendre conscience : « Attendez un peu... Ce sont aussi des êtres humains ! »

J'avoue que je me sentais très distant des gens qui étaient 'différents' de moi dans mon enfance. Mais nous ne sommes sûrement pas obligés de rester qui nous étions quand nous étions plus jeunes ! Aujourd'hui, je ne peux même pas regarder un poisson pris au filet sans ressentir son agonie, et encore moins un autre être humain en souffrance.

Parfois, la vie n'est pas une question de devoir apprendre quelque chose de nouveau mais plutôt de devoir DÉSapprendre.

Je suis un autre vous et vous êtes un autre moi. Le voyage continue. Namaste.

*Il est plus facile de bâtir des enfants forts*
*que de réparer des hommes brisés.*
*— Frederick Douglass*

## Calme et Serein

La vie peut ressembler à un stade de football bruyant, avec tous les stimuli visuels et sonores d'un match (les cris, les rires, les encouragements, la nourriture, le bruit des supporters, les arbitres et les vibrations de votre siège…).

Imaginez maintenant que le stade est totalement silencieux, immobile et calme, à tel point que vous entendez une personne murmurer de l'autre côté du terrain. C'est la meilleure façon d'expliquer la transformation de mon monde grâce à la méditation. J'ai baissé le volume et au lieu d'entendre la musique de la vie, j'entends les sons qui composent la chanson ; je ne suis plus simplement en vie, je suis vivant.

Le plus merveilleux est que ça continue… et que ça devient de mieux en mieux. Mes sens sont plus aigus et je ressens les variations intérieures les plus subtiles. Il n'existe pas de mots pour décrire cette sensation profonde et incroyable ; il faut en faire l'expérience pour la comprendre véritablement, ne serait-ce que pour un moment.

Être assis sans bouger n'a peut-être pas l'air intéressant mais les résultats sont extraordinaires si on le fait tous les jours. La paix est-elle une absence de guerre ou un sentiment de quiétude en dépit du conflit ? Le bonheur est-il l'absence de souffrance ou est-il la satisfaction malgré les imperfections ?

Je crois que nous pouvons être heureux dans un monde déjà brisé et ressentir une paix intérieure au sein du chaos. Nous pouvons nous trouver dans une situation décourageante mais choisir de ne pas se sentir frustrés et nous pouvons également trouver la plénitude dans des situations qui sont loin d'être idéales. Le bonheur est un choix.

Quand l'esprit cesse de trouver du plaisir dans la stimulation, la sérénité peut s'installer… un calme profond avec un demi-sourire d'appréciation et d'acceptation pour tout ce qui peut arriver, sans jugement ni aversion. C'est un sentiment de soulagement au-delà de la quiétude, c'est une sérénité divine.

> *Grâce à la méditation*
> *et en se concentrant complètement*
> *sur une seule chose à la fois,*
> *nous pouvons apprendre à diriger notre attention*
> *où nous le souhaitons.*
> *— Eknath Easwaran*

## Nous Sommes les Victimes de nos Propres Choix

Notre situation actuelle est le résultat direct des décisions que nous avons prises il y a des années, des vies ou pas plus tard qu'hier soir.

Nous avons une énorme responsabilité personnelle pour la façon dont notre vie est façonnée et un rôle tout aussi important pour la guider vers l'avenir. Même si nous prenons constamment des décisions, nous ne faisons pas toujours attention à leurs conséquences à long-terme.

La première étape est d'avoir une idée très claire du genre de vie que vous souhaitez vivre (peut-être une vie simple, sans complications, calme et heureuse). Alors, avant de prendre des décisions, posez-vous la question : « Est-ce que l'action que je suis en train d'envisager me rapprochera de la vie que je souhaite vivre ou m'en éloignera ? » Là encore, la clé est de réfléchir aux conséquences à long-terme de vos décisions et non d'obtenir une gratification immédiate.

Seulement voilà : la voie de la MOINDRE résistance est plus à même de vous éloigner de votre destination qu'une voie apparemment plus difficile, mais au final, une randonnée facile dans la mauvaise direction est bien plus épuisante et nuisible qu'une escalade vers l'euphorie.

Chaque décision est importante. Par exemple, si vous êtes fumeur, vous ne pourrez peut-être pas donner un poumon à votre enfant dans l'avenir. Et si vous avez plus d'argent que nécessaire alors que quelqu'un d'autre n'en a pas assez pour acheter à manger, vous ne changez pas l'état du monde, vous y contribuez. Il n'existe aucun raccourci qui en vaille la peine.

Au lieu de blâmer les autres pour vos dilemmes, regardez en vous. Toute circonstance (peu importe si elle semble catastrophique) est non seulement causée par un évènement du passé, mais est en fait une bénédiction si elle nous permet d'acquérir la sagesse. L'histoire n'a pas besoin de se répéter si nous apprenons les leçons de nos erreurs la première fois.

Traitez toutes les créatures vivantes, vous y compris, avec gentillesse et le monde deviendra immédiatement un endroit meilleur.

> *Si vous désirez vraiment faire quelque chose,*
> *vous trouverez un moyen.*
> *Sinon, vous trouverez une excuse.*
> — E. James Rohn

## L'Utopie

Imaginez le monde comme un restaurant où nous sommes tous des employés ; un groupe de personnes qui partage la vision d'un dîner parfait (excellente nourriture, service irréprochable et une atmosphère agréable).

Chaque personne a une responsabilité différente et aucune tâche n'est plus importante qu'une autre ; il faut coordonner les efforts de tous pour que le rêve d'utopie devienne réalité. Il y a un chef cuisinier, un serveur, un plongeur et une personne qui nettoie les toilettes mais ils font tous de leur mieux pour que le restaurant soit un succès.

L'aspect le plus important (et le plus difficile) de N'IMPORTE QUEL travail est de se concentrer sur la tâche à accomplir et de ne pas s'inquiéter de savoir si quelqu'un d'autre fait son travail correctement.

Ce n'est pas à nous de juger ou de commenter les performances d'une autre personne. A partir du moment où nous nous soucions de ce qu'un autre fait (ou ne fait pas), nous négligeons notre propre rôle.

Nous ne pouvons pas contrôler ce que font les autres ; nous ne pouvons qu'être attentifs à ce que nous pouvons faire individuellement, et le faire bien.

On peut très bien appliquer cette démarche dans nos vies quotidiennes. J'ai vu des gens qui conduisent des voitures électriques s'énerver après de propriétaires de 4x4, et des végétariens franchement hostiles vis-à-vis de leurs frères carnivores. Tout est question de temps, de lieu et de circonstance. Nous n'avons pas tous le même rythme pour mûrir et s'éveiller et le contraire de votre vérité est également vrai.

Soyez indulgent vis-à-vis de vous-même, bienveillant avec les autres et aimez vos voisins inconditionnellement (pas seulement parce qu'ils sont d'accord avec vos convictions).

*Chaque personne est un génie,*
*mais si vous jugez un poisson sur sa capacité à grimper aux arbres,*
*il pensera toute sa vie qu'il est stupide.*
*— Albert Einstein*

## Ne Laisser Aucune Trace

Au Centre Zen, une des pratiques de la cuisine est de laver sa vaisselle, de l'essuyer et de la ranger à sa place (cela fait partie de l'enseignement : 'ne laisser aucune trace').

Parfois, des résidents laissaient leur vaisselle dans l'évier et je pensais bien faire en la lavant et en la rangeant. Un jour, le Gardien du Temple me vit faire et me fit 'les gros yeux' avant de me faire 'la leçon'.

« Comment crois-tu les aider dans leur pratique si tu fais cela ? » me demanda-t-elle. « Laisse leur vaisselle en évidence pour qu'ils la voient à leur retour. »

Il était intéressant de comprendre que même un acte de gentillesse pouvait avoir un impact négatif et que parfois, nous causons plus de tort en essayant d'aider parce qu'on ne comprend pas le sens plus large de ce que 'aider' signifie.

C'est pour ça que ce Buddhist Boot Camp a été écrit sans affirmation du genre : 'vous devriez'. Je ne suis pas là pour dire à quiconque ce qu'il/elle doit faire, mais plutôt pour transmettre ce que j'ai appris aussi simplement que possible pour que vous puissiez mettre en pratique les leçons de votre propre vie si vous le souhaitez.

L'objectif du livre est d'inspirer les lecteurs à être la meilleure version possible d'eux-mêmes, ce qui sous-entend ne PAS ranger la vaisselle d'autrui sous peine d'avoir 'les gros yeux'.

*Entre ce qui est juste et ce qui est mal, il y a un pré.*
*On se voit là-bas !*
*— Rumi*

# L'AMOUR ET LES RELATIONS

## L'amour est la Reconnaissance de la Beauté

Une fleur ne cesse pas d'être belle parce que quelqu'un passe à côté sans la regarder, et elle ne cesse pas de sentir bon si son parfum n'est pas apprécié à sa juste valeur. La fleur continue simplement d'être glorieuse : élégante, gracieuse et magnifique.

Notre Mère Nature nous a offert de grands maîtres à travers ces fleurs qui s'épanouissent malgré leur courte vie, les étoiles qui continuent de briller même quand on ne les regarde pas, et les arbres qui n'y voient rien de personnel si on ne se prosterne pas devant eux par gratitude pour l'oxygène qu'ils nous fournissent.

Nous avons aussi une capacité d'aimer incroyable et illimitée mais la question est : Pouvons-nous aimer comme une fleur ? Sans avoir besoin d'être admiré, adoré, ou même remarqué ? Sommes-nous capables d'ouvrir nos cœurs complètement pour donner, pardonner, célébrer et vivre nos vies dans la joie, sans hésitation ou sans besoin de réciprocité ?

Parfois, nous prenons les choses beaucoup trop à cœur et nous nous sentons vides quand nous ne sommes pas appréciés. Ravagés en fait, nous nous écroulons sous la douleur et essayons alors de nous préserver en nous refermant et en utilisant toutes sortes de mécanismes de protection et de défenses. Nous sommes blessés (voire en colère) quand notre patron ne nous est pas reconnaissant pour notre excellent travail, si un amant retire sa main ou quand un ami oublie notre anniversaire. Pouvez-vous imaginer une fleur qui boude parce qu'elle n'est pas admirée ou la lune qui masque sa lueur parce que nous sommes trop absorbés par nous-mêmes pour la remarquer plus souvent ?

Faites l'effort de briller en toutes circonstances, d'aimer inconditionnellement et d'être une âme bienveillante et douce (même quand personne ne regarde).

Et si ça vous tente, allez embrasser un arbre et dites-lui : « Merci. »

> *Toutes les choses ont leur beauté,*
> *mais tout le monde ne sait pas les voir.*
> *— Confucius*

## Portrait d'une Relation Saine

Nous confondons souvent les relations avec un simple engagement entre deux personnes ; un dévouement accompagné d'un sentiment d'appartenance l'un envers l'autre. Ce genre d'approche bornée engendre des attentes, de la possessivité et de la déception et a des relents de propriété, de cupidité, d'ignorance et de désir égoïste.

Une relation saine est un accord entre deux personnes pour se soutenir l'un et l'autre dans leur pratique spirituelle. C'est faire vœu de soutenir le dévouement, la passion et la voie de chacun, sans attachement ou attentes (mais avec plein de tendresse et de compassion). Une relation saine est fondée sur un amour inconditionnel et non sur le désir de posséder. Même si vous y mettez tout votre 'cœur', vous ne perdrez rien à faire don de votre amour.

Si chaque personne se consacre à inspirer, créer, éveiller et enrichir la vie des autres, il n'y a plus d'intentions cachées. Ce que l'on reçoit est beaucoup moins important que ce que l'on peut donner.

Tout à coup, l'intimité ne se réduirait plus seulement à la chaleur et à la tendresse mais inclurait aussi la patience, la vulnérabilité, l'honnêteté, l'écoute active, la compréhension, la connexion et une confiance inébranlable.

Ce genre d'union a un pouvoir de guérison inhérent, propice à une transformation profonde pour les deux personnes concernées. C'est une opportunité incroyable de vraiment mettre en pratique ce que nous apprenons (de la communication non-violente à la méditation, l'écoute, le reflet de l'autre, l'authenticité, la célébration et la réciprocité).

Les relations saines sont un genre de collaboration ; deux guerriers de la paix qui se soutiennent spirituellement dans leurs parcours personnels pour répandre le positif et la lumière.

Réduisons l'écart entre nos convictions et notre comportement dans le monde.

*Aimer, ce n'est pas se regarder l'un l'autre,*
*c'est regarder ensemble dans la même direction.*
*— Antoine de Saint-Exupéry*

## Le Jour de Mon Mariage

Je me suis marié au Palais des Beaux-Arts à San Francisco le 9 septembre 1999. J'étais jeune, amoureux et je croyais que si on 'conclue un accord' quand tout va pour le mieux, on ne finit pas dans un mariage comme celui de mes parents (qu'ils ont eux-mêmes décrit comme « malheureux pour toujours »), mais qu'on reste plutôt jeune, fou de joie, passionné et optimiste 'pour le reste de notre vie'. Ai-je mentionné que j'étais jeune et amoureux ?

A l'époque, nous n'avions ni l'un ni l'autre d'exemples de relations saines dans notre entourage mais nous avions toutes les raisons de douter qu'un mariage pouvait vraiment durer. (J'étais juriste dans un cabinet d'avocats spécialisé en droit de la famille quand nous nous sommes rencontrés et le taux de divorce en Californie était d'environ 75%).

Nous avons décidé de ne pas inclure 'jusqu'à ce que la mort nous sépare' dans nos vœux. A la place, nous avons dit que nous resterions mariés pour « aussi longtemps que nous voulions tout deux rester dans ce mariage ». Notre amour était inconditionnel mais être heureux et avoir envie de continuer était la condition de notre union. Nous étions amoureux, oui, mais nous faisions preuve de logique.

Nous nous sommes donc mariés sous ce magnifique dôme devant 300 amis et relations et j'ai encore des souvenirs formidables de cette soirée incroyable du 9/9/99. Finalement, le numéro 9 n'aura pas signifié 'longévité', pour nous en tout cas.

Même si nous étions ensemble depuis deux ans avant de nous marier, nous avions des attentes et une idée du 'mariage' très différentes. Cette différence d'opinion nous a finalement conduits à un accord mutuel et civil de nous séparer ; un accord qui a été décidé pendant une session de thérapie de couples, seulement quelques mois après le grand jour. Nous sommes restés amis pendant quelques années après notre rupture mais l'univers nous a chacun emmenés dans des directions différentes et nous avons perdu le contact.

J'ai passé des années à essayer de reproduire les aspects positifs de cette relation avec d'autres, et puis quelques années à pratiquer le célibat, tout en étudiant en même temps la psychologie et la religion. Je voulais comprendre ce en quoi les gens croyaient et pourquoi ils y croyaient.

Quand j'ai entendu un vieil homme décrire la femme avec qui il partageait sa vie comme la femme qui marche à ses côtés, j'ai finalement compris ce qu'Antoine de Saint-Exupéry voulait dire quand il a écrit : « Aimer, ce n'est pas se regarder l'un l'autre, c'est regarder ensemble dans la même direction. »

Il était clair que je devais redéfinir ce que le terme 'relation' signifiait vraiment pour moi et que deux personnes peuvent vraiment s'aider l'une et l'autre à rester sur la bonne voie au lieu de se perdre.

J'appelle cela une RÉELation.

> *Ce qui vient, laisse-le venir.*
> *Ce qui reste, laisse-le rester.*
> *Ce qui s'en va, laisse-le partir.*
> —*Papaji*

# Les Sentiments Versus les Émotions

Un jour, une amie m'a appelé en pleurant parce ce que son compagnon l'avait laissée pour une autre femme. Je n'arrivais pas à comprendre pourquoi elle était aussi effondrée. « Tu veux être avec un homme qui t'aime autant que tu l'aimes n'est-ce pas ? Quelqu'un qui ne te ferait jamais ça, exact ? Il est évident que cet homme ne correspond pas à ces critères, alors pourquoi es-tu si triste ? » Ça n'avait pas de sens. En tout cas, pas pour moi.

A ce moment-là, il était clair que mon regard sur les émotions est très différent de celui des autres. Pour moi, les émotions sont des nids de poules sur un chemin normalement tranquille vers l'euphorie, alors que mes amis se réjouissent (mais se plaignent quand même) des hauts et des bas de leurs montagnes russes émotionnelles. Je ne suis pas quelqu'un de méchant, insensible ou antipathique ; je recherche simplement la source de la douleur et si c'est la personne qui se l'inflige – ce qui est le cas la plupart du temps – je dis : « Si ça fait mal quand vous vous pincez, arrêtez de vous pincer ! »

D'ailleurs, mes amis me connaissent très bien et quand ils me demandent conseil, ils s'attendent à être confrontés à la réalité. En revanche, je peux comprendre comment et pourquoi mes commentaires peuvent sembler abrupts à quelqu'un qui ne me connaît pas.

J'ai compris que les sentiments vont et viennent naturellement (comme les nuages dans le ciel), alors que les émotions sont des sentiments avec une histoire connexe. Ces émotions peuvent durer aussi longtemps que l'on continue à nourrir l'histoire et cela peut continuer pendant des années. Je comprends que les gens puissent RESSENTIR de la tristesse, mais qu'ils REVIVENT être tristes me dépasse.

Le bouddhisme nous enseigne que si nous nous attachons aux choses éphémères (et les sentiments en sont un parfait exemple), nos vies sont alors pavées d'angoisses. Mais si nous vivons chaque moment sans attachement, nous sommes alors en mesure d'éliminer immédiatement la source de la douleur et de vivre nos vies dans la joie.

Quand j'ai commencé à étudier les enseignements du Bouddha, je me suis dit : « VOILÀ quelque chose de sensé ! C'est absolument génial ! »

Bien que ce soit tout à fait logique, il faut quand même des années entières pour ré-entraîner l'esprit à voir les choses de cette manière (surtout dans le feu de l'action). A un moment ou un autre, nous nous sentons tous tristes, blessés, en colère, excités, anxieux et même sereins mais cela ne dure jamais longtemps et c'est normal. Quand un sentiment passe, un autre prendra sa place.

Il est naturel de se sentir déçu quand les choses ne se passent pas comme l'on espérait mais l'unique réaction naturelle quand cela arrive est d'aller de l'avant. Cela semble peut-être difficile mais c'est plus facile que d'essayer de s'accrocher à quelque chose qui n'existe plus !

Tout ce que vous avez à faire c'est de lâcher prise.

*Perdre une illusion*
*vous rend plus sage que trouver une vérité.*
*—Ludwig Börne*

# Responsabilité Sexuelle

Quelqu'un a posté la question suivante sur la page Facebook "Buddhist Boot Camp" : « Quelle est la position du bouddhisme sur l'homosexualité ? »

La réponse est simple : Le bouddhisme a un précepte qui concerne la sexualité en général ; son enseignement n'est pas différent concernant l'homosexualité ou l'hétérosexualité.

Le troisième précepte bouddhiste, magnifiquement traduit par Thich Nhat Hanh dans son livre *Pour qu'un Avenir Soit Possible*, parle de « cultiver la responsabilité et apprendre des façons de protéger la sécurité et l'intégrité des individus, des couples, des familles et de la société. » Il s'agit de respecter vos « propres engagements et ceux des autres, » et de ne pas « avoir de relations sexuelles sans amour et sans engagement à long-terme. » Le précepte invite chacun « à faire tout qui est dans leur pouvoir pour protéger les enfants d'abus sexuels et d'empêcher les couples et les familles d'être brisés par des comportements sexuels répréhensifs. »

Quand un acte sexuel est l'expression de l'amour, la loyauté, l'honnêteté, la chaleur et le respect, il ne va pas à l'encontre du troisième précepte (que le couple soit du même sexe ou non). A partir du moment où il y a de l'amour et un accord réciproque entre les deux personnes concernées, il ne s'agit pas d'inconduite sexuelle.

Malheureusement, comme c'est le cas dans toutes les religions et les philosophies, certaines sectes divergent sur le sujet mais je ne pense pas que ce serait le cas pour le Bouddha. La bigoterie enveloppée dans une prière est toujours de la bigoterie et nous ne jouons pas à ce jeu-là !

La même réponse est valable pour une question que quelqu'un m'a posée : « Pouvez-vous me dire quelle est la position des bouddhistes au sujet des femmes ? J'ai été témoin de quelque chose d'effrayant l'autre jour et j'aimerais vérifier les faits. »

Le bouddhisme honore et respecte tous les êtres, un point c'est tout. Si vous voyez QUI QUE CE SOIT faire exception à cette règle, cette exception est arbitraire.

Le Bouddha nous y a préparés quand il a dit : « Ne croyez pas tout ce que vous voyez, lisez ou entendez émanant d'autrui, que cela provienne de figures d'autorité, de religieux ou de textes. Découvrez la vérité par vous-même, trouvez ce qui est vrai. Vous découvrirez qu'il y a des choses qui sont vertueuses et d'autres, non. Quand vous l'aurez découvert par vous-même, abandonnez le mal et adoptez le bien. »

Souvenez-vous simplement de ceci : La compassion est inconditionnelle.

*Peu importe qui vous aimez,*
*où vous aimez, pourquoi vous aimez,*
*quand vous aimez ou comment vous aimez ;*
*le fait que vous aimiez est tout ce qui importe !*
*— John Lennon*

# Un Petit Discours
# Peut Faire Toute la Différence

Carole vivait dans la même ville que ses deux enfants (tous deux dans la vingtaine), mais elle n'aimait pas vraiment vivre là. Elle voulait se rapprocher de ses amis en Californie mais elle craignait que ses enfants se sentent abandonnés si elle partait.

Les deux enfants savaient à quel point elle souffrait et ils souhaitaient qu'elle déménage mais ils craignaient qu'elle se sente rejetée s'ils l'encourageaient à partir, ils n'en parlaient jamais.

Après avoir entendu les deux versions de l'histoire pendant des mois, j'ai finalement proposé que nous nous rencontrions pour une médiation constructive, ce qu'ils n'avaient jamais fait auparavant.

En l'espace d'une demi-heure, Carole admit qu'elle se sentait coupable d'avoir laissé les enfants avec leur père quand ils étaient plus jeunes. Elle expliqua pourquoi cela avait été important pour elle de s'éloigner d'une relation abusive et c'est pour cela qu'elle hésitait à partir, même maintenant, car elle pensait que les avoir abandonnés une première fois était déjà suffisant.

La fille commença à pleurer et rassura sa mère qu'elle ne lui en avait jamais voulu d'avoir laissé leur père. Elle avait été témoin des mauvais traitements et pensait que sa mère avait pris la bonne décision en partant.

Quand ce fut au tour du fils de parler, il admit qu'il s'était toujours senti responsable de la séparation de ses parents. Il ignorait que c'est un sentiment très courant chez le plus jeune enfant d'une famille séparée. Entendre l'histoire de sa mère lui ouvrit de nouvelles perspectives dans sa vie et ses relations personnelles.

Finalement, les deux enfants offrirent à Carole leur soutien pour déménager en Californie et le fils est à présent un porte-parole contre la violence conjugale et pour l'importance du respect de la femme.

Nous ressentons tous la peur, l'anxiété, la honte et le regret dans nos cœurs et pourtant, nous partageons rarement ces détails intimes avec ceux que nous aimons. Si nous désirons sincèrement mûrir en tant qu'individus et en tant que communauté, nous devons commencer par être vulnérables les uns avec les autres. Si vous pensez qu'il est temps d'avoir une discussion sérieuse avec votre famille, commencez par établir les règles de base de façon à créer un environnement sain pour que tout le monde puisse partager sans être interrompu, jugé ou accusé.

Dans un contexte de communication non-violente, il ne s'agit pas de désigner un coupable et de faire des commentaires du type 'tu devrais'. Vous pouvez également avoir un médiateur présent pour faire en sorte que la conversation se passe calmement et qu'elle reste concentrée sur le sujet.

Soyez agréables les uns avec les autres et ne cherchez pas à dénigrer ce qu'une personne a dans le cœur. Écoutez avec empathie et exprimez-vous avec compassion. Une communication saine peut ouvrir de nombreuses portes et dissiper les idées reçues dont nous n'étions pas conscients.

*S'excuser ne signifie pas toujours que vous avez tort et que l'autre personne a raison. Cela signifie simplement que vous appréciez votre relation plus que votre égo.*
*— Anonyme*

# Le Pouvoir Thérapeutique de l'Amour

Si vous pensez que l'amour n'est pas suffisant, essayez de vous en passer pendant quelque temps et vous verrez qu'il est tout. Il y a un puits en forme d'amour dans nos vies et l'argent ne parviendra jamais à le combler.

Les amitiés nourrissent nos cœurs avec cet amour, tout comme les arbres nourrissent la terre avec de l'oxygène. Les bons amis sont donc une forêt tropicale d'affection.

Toute personne se noierait sans air dans les poumons et de la même façon, quelqu'un qui souffre de dépression suffoque sans amour dans le cœur. On ne sait jamais quand un acte de bienveillance spontané peut littéralement sauver la vie de quelqu'un.

Faites un effort pour rencontrer vos voisins, apprenez à connaître vos collègues et liez-vous d'amitié avec vos camarades de classe. Un inconnu est simplement un ami que vous n'avez pas encore rencontré.

Ne sous-estimez pas le pouvoir thérapeutique de l'amour. Il est tout aussi important pour notre survie que la nourriture que nous avalons et pourtant, il est gratuit et disponible à souhait.

L'amour est le médicament le plus puissant.

> *L'Amour est la seule force capable de*
> *transformer un ennemi en ami.*
> *— Martin Luther King, Jr.*

**RELIGION/SPIRITUALITÉ**

# Une Définition Simple de Dieu

Comment pouvons-nous être certains que des choses que l'on ne voit pas peuvent vraiment exister ?

Regardez une image de nourriture par exemple. Le goût, la texture et le parfum ne sont pas dans la photo et pourtant, nous savons qu'ils existent.

Nos yeux ne détectent que trois dimensions (tout comme un appareil photo n'en détecte que deux). Ce qui crée la vie doit donc bel et bien exister dans une dimension que nous ne pouvons pas voir. L'énergie qui nous maintient en vie existe au-delà de nos 5 sens et reste très mystérieuse. Bien que nous ne puissions pas la contrôler, nous sommes confiants qu'elle nous réveillera demain matin.

Qu'on veuille l'admettre ou non, nous avons la foi. Nous avons une foi extraordinaire que cette énergie invisible continuera de faire tourner la terre, faire pousser l'herbe et battre nos cœurs pendant les 5 prochaines minutes. Ce n'est pas quelque chose que nous savons mais quelque chose en lequel nous croyons.

Certains appellent cette force de vie 'Dieu' et d'autres l'appellent 'l'Univers', 'le Grand Vide', 'Mère Nature' ou 'le Père du Temps'. Le nom qu'on lui donne n'a pas autant d'importance que notre manière de l'apprécier.

On ne se lance pas à la poursuite de Dieu. C'est dans nos cœurs que nous devons le découvrir.

*Je crois en Dieu*
*mais je l'appelle Nature.*
*— Frank Lloyd Wright*

## La Divinité Intérieure

Quand nous invitons des amis à dîner, nous essayons de cuisiner quelque chose de spécial et nous faisons en sorte que la maison soit propre et bien rangée. Nous servons le repas à table avec de la musique de fond et peut-être même que nous allumons quelques bougies pour créer une ambiance détendue. Nous avons un besoin inné de veiller à ce que l'expérience que vivront nos amis soit rassurante et plaisante. La question est : Pourquoi est-ce que nous nous traitons aussi rarement avec la même dignité et le même respect ?

La prochaine fois que vous vous préparez un repas, asseyez-vous quelques minutes au lieu de l'avaler debout à côté du réfrigérateur (ou au-dessus de l'évier). Éteignez la télévision, débarrassez la table de ce qui l'encombre et appréciez le fait que vous méritez tout autant la même atmosphère que vous offrez à vos invités.

Tout comme quand nous disons « Namaste », qui signifie que la divinité en nous reconnaît et respecte la divinité chez autrui, rendez hommage à votre Dieu intérieur et célébrez votre grandeur tous les jours.

*Vous-même, tout autant que quiconque*
*dans tout l'univers,*
*méritez votre amour et votre affection.*
—*Le Bouddha*

# Le Danger des Écritures Saintes

Toutes les écritures religieuses relatent l'expérience vécue par quelqu'un d'autre au sujet de Dieu. Et même si le texte vous inspire, le lire n'a pas le même impact que faire l'expérience de la divinité par vous-même.

Considérons les romans d'amour comme exemple similaire : ils excellent dans la description de l'amour tel qu'il est perçu par quelqu'un d'autre mais les lire et regarder des comédies romantiques à la télévision est une expérience bien différente que de tomber amoureux.

Chacun a sa propre expérience de l'amour et il en est de même avec le divin, c'est-à-dire, sa propre relation avec Dieu.

La sagesse est quelque chose qui vient à différentes personnes, à différents âges et de multiples façons. Sur votre autel, vous pouvez très bien avoir des images de Jésus, du Bouddha, de Gandhi, de Mère Teresa, du Dalai Lama, de Martin Luther King Jr. et de Tyler Durden du film Fight Club en même temps parce qu'ils ne sont pas en désaccord les uns avec les autres. En fait, comme Desmond Tutu et Karen Armstrong nous le rappellent constamment, les dirigeants religieux du monde ne sont pas en guerre. Et tel qu'il est indiqué dans la Charte pour la Compassion, le principe de compassion est au cœur de toutes les traditions religieuses, éthiques et spirituelles, nous invitant à toujours traiter les autres comme nous aimerions être traités.

Ne limitez pas ce qu'il est possible de réaliser à ce que vous avez lu dans un livre. Sinon, vous pourriez ignorer une rencontre avec Dieu en vous heurtant à un inconnu dans le bus. La divinité est en tous, même vous.

Les écritures religieuses peuvent inspirer – elles peuvent aussi être dangereuses si vous les confondez avec la réalité. Admirez l'enseignement, pas le maître.

Ne vous contentez pas de lire des ouvrages sur la générosité ; SOYEZ généreux. Et ne parlez pas simplement de patience, de compassion et d'amour inconditionnel ; intégrez-les dans votre vie quotidienne !

> *Ce ne sont pas vos croyances qui vous rendent meilleurs*
> *mais votre comportement.*
> *— Anonyme*

## La Prière, la Méditation ou les Deux ?

La méditation est une méthode d'entraînement de l'esprit pour rester calme en dépit du flux continu de circonstances externes. La prière est une manière d'exprimer notre sincère gratitude envers Dieu, Mère Nature ou l'Univers en général pour le don de la vie.

Une véritable prière est une prière de gratitude pour tous les bienfaits de notre vie ; ce n'est pas un moment pour être avide et en demander plus. Nous avons déjà tout ce qu'il nous faut pour être heureux. Même le simple fait de dire : « Dieu, donne-moi la force » sous-entend qu'elle n'est pas déjà en nous (alors que c'est le cas). Dites simplement : « Merci pour la force » et vous serez en mesure de la puiser dans une réserve illimitée.

En étant reconnaissant pour ce que nous avons, nous créons de l'énergie pour progresser dans la même voie. Evitez de vous concentrer sur ce que vous N'AVEZ PAS car l'énergie se dirige dans la même direction que votre attention (c'est-à-dire que vous vous retrouverez avec ce que vous ne voulez pas). Méditez pour garder votre esprit dans la bonne direction. Vous deviendrez plus conscient des choses pour lesquelles vous êtes reconnaissant dans vos prières. Voyez-vous le lien merveilleux entre ces deux pratiques ?

Une question qui revient souvent est : « Qu'est-ce qu'il y a de mal à prier pour la paix dans le monde ? » Le problème, c'est que cela sous-entend que la paix est la responsabilité de quelqu'un d'autre. La paix commence avec VOUS. Si vous

vous demandez si la paix dans le monde est proche, regardez en vous.

La prière et la méditation sont toutes les deux fantastiques. En fait, réciter une prière est une pratique de méditation ordinaire. Prenez par exemple la prière de Saint François d'Assise, telle que je la comprends :

> Là où est la haine,
> formez votre esprit pour qu'il y ait de l'amour.
> Là où est l'offense, le pardon.
> Là où est le doute, la foi.
> Là où est le désespoir, l'espérance.
> Là où sont les ténèbres, la lumière.
> Là où est la tristesse, la joie.
>
> Ne cherchez pas tant
> à être consolé qu'à consoler,
> à être compris qu'à comprendre,
> à être aimé qu'à aimer.
>
> Car c'est en donnant que l'on reçoit,
> c'est en pardonnant qu'on est pardonné,
> c'est en abandonnant le concept d'un 'soi' séparé
> que l'on renaît à la vie éternelle. »

*Si 'Merci' est la seule prière*
*que vous réciterez dans votre vie,*
*ça suffira.*
—Johannes Eckhart

# Donner l'Exemple

Jésus était vertueux, avait une foi immense dans le pouvoir thérapeutique de l'amour et croyait dans la paix et la fraternité (tout comme Martin Luther King Jr., Gandhi et John Lennon, qui ont tous été assassinés pour avoir essayé d'apaiser nos craintes en proclamant le pouvoir régénérant du pardon, de la compassion, de la patience et de l'harmonie).

Nous faisons l'erreur de vénérer les maîtres au lieu de leur enseignement, de les idolâtrer pour avoir été plus que des êtres humains et nous avons construit des histoires formidables mais complètement exagérées sur leurs vies. En soi, cela ne poserait aucun problème si l'importance de leur exemple ne se perdait pas complètement dans l'histoire.

Le meilleur moyen d'exprimer notre foi est de vivre comme eux l'ont fait. Aimez vos voisins (y compris les individus de toutes les couches sociales, pas seulement ceux qui parlent votre langue et ont la même couleur de peau) ; soyez aimable avec tout le monde ; donnez ; pardonnez ; abandonnez votre cupidité, votre haine et votre ignorance ; soyez passionnés et ayez de la compassion. Enfin, faites confiance au fait que Dieu sait ce qu'Elle fait (et qu'il n'existe rien au monde que Dieu ne soit pas ou ne puisse être).

Le nom que vous donnez à Dieu n'a pas autant d'importance que votre manière de l'apprécier.

Soyons reconnaissants pour toutes les leçons, faisons confiance au déroulement des choses et évitons les extrêmes.

Nous vivons dans un monde d'une beauté exquise et nous avons de quoi être reconnaissants.

Vous n'avez pas besoin d'attendre le 31 décembre pour prendre des résolutions, et vous n'avez pas besoin d'aller à l'église pour prier. Exprimez simplement votre gratitude pour la vie même, en aimant Dieu, vous-même et autrui.

Faites que CELA soit votre résolution et vous ne connaîtrez jamais la peur.

Chaque jour est votre nouvelle naissance. Quelles sont les résolutions de votre Nouveau Vous ?

*Au sens strict du terme, il n'y a pas de gens illuminés ;*
*Seules les activités le sont.*
*—Shunryu Suzuki*

## Le Karma

Un jour, quelqu'un essaya d'expliquer les lois du Karma (les lois de cause à effet) en utilisant une métaphore. On nous demanda d'imaginer une figure dans le ciel qui non seulement surveille tout ce que l'on fait mais nous récompense de bonne fortune pour toutes nos bonnes actions et nous punit avec de la malchance pour toute action préjudiciable.

Alors même que l'intention de cette métaphore était sincère, le karma n'est pas un jugement ; il est une conséquence. NOUS sommes les responsables.

Par exemple, si vous volez quelqu'un aujourd'hui, c'est certainement parce que vous ne comprenez pas vraiment la douleur de vous faire voler (parce que si vous la compreniez, vous ne voleriez pas). Vous ne faites que démarrer un cycle où un jour, quelqu'un sera amené à vous voler pour que vous compreniez ce que l'on peut ressentir.

Et ceci se reproduira encore et encore (à travers de nombreuses vies) jusqu'à ce que vous compreniez enfin la leçon et que vous fassiez le serment de ne plus jamais voler.

En y réfléchissant bien, on peut voir cela comme une merveilleuse récompense parce que cela vous donne l'occasion d'apprendre quelque chose de nouveau. Il est donc judicieux de considérer toute nouvelle personne que l'on rencontre comme un maître.

Le bouddhisme n'honore pas seulement la voie de chaque individu ; il respecte aussi le stade d'évolution de chacun. C'est pour cela que nous n'avons pas de liste de commandements mais plutôt une invitation subtile à être plus attentifs et plus conscients.

Si vous souhaitez vous familiariser avec les préceptes du bouddhisme, je vous recommande de lire la perle littéraire de Thich Nhat Hanh, 'Changer l'avenir : Pour une Vie Harmonieuse'.

Quelle est la leçon que vous avez apprise et que vous n'avez pas encore promis de ne plus jamais faire aux autres (ni à vous-même) ?

Pouvez-vous commencer dès aujourd'hui ?

> *La façon dont les gens vous traite est leur karma ;*
> *votre façon d'y réagir est le vôtre.*
> *— Wayne Dyer*

# Le Message, Pas le Messager

Je me souviens de la toute première fois que j'ai entendu le Dalai Lama prendre la parole. Il parlait du Contrôle de Soi, de la Volonté et d'être Libéré de la Colère et c'était exactement deux ans après m'être fait tatouer ces mêmes mots sur la poitrine.

Je n'avais jamais donné de nom à ce que je pensais être ma propre collection de convictions et de philosophies mais je me suis rendu compte que je n'étais pas seul. Est-ce que je l'appelle bouddhisme ou compassion ? Y a-t-il une différence ?

Je suis devenu obnubilé par Thich Nhat Hanh, Jack Kornfield et Dan Millman mais quand j'en parlais à mes maîtres en disant : « J'adore Neale Donald Walsch et Pema Chödrön. Ne sont-ils pas géniaux ? », ils me regardaient simplement en souriant et disaient : « Sois prudent. »

J'ai compris ce qu'ils voulaient dire : concentre-toi sur les enseignements, pas les maîtres.

Aujourd'hui, avec Facebook comme plateforme et outil de communication fantastiques, nous sommes tous des étudiants et des maîtres et il existe de nombreux messagers mais le message est toujours le même : c'est L'AMOUR.

La meilleure façon d'honorer nos maîtres, c'est de faire comme eux et de répandre l'amour.

Prenez le Buddhist Boot Camp par exemple. Je n'enseigne rien, je partage. Tout ce que je fais, c'est vous raconter ce que j'ai vécu et parfois, cela peut vous apporter quelque chose. Les chapitres de ce livre et les messages que je poste sur Facebook sont des passages de mon journal que j'ai décidé de partager avec le monde. Quand l'histoire de quelqu'un d'autre résonne en nous, nous nous rendons compte que nous ne sommes pas seuls et que nous sommes plus similaires que nous voulons bien l'admettre.

Le Bouddha n'était pas un Dieu. Il n'a jamais prétendu être un Dieu, le fils de Dieu ou un messager de Dieu. C'était un homme qui a acquis une perspective claire du monde grâce à ses efforts humains. Et s'il a pu le faire à l'époque, nous pouvons le faire aussi dès aujourd'hui.

On ne 'devient' pas illuminé, on l'est dans la continuité ! Le dictionnaire définit l'expression comme ayant ou démontrant une vision rationnelle, moderne et bien informée. Être illuminé est déterminé par votre comportement et non par vos convictions. Sortez de chez vous et entraînez-vous à être la meilleure version possible de vous-même.

*Toutes les âmes errantes ne sont pas perdues.*
*— J.R.R. Tolkien*

## Se Servir du Bouddhisme comme Essuie-Glace

Le bouddhisme est souvent incompris. Je me souviens que mon père pensait que nous vénérions la statue du 'gros bonhomme', celui qu'il avait l'habitude de voir dans les restaurants chinois.

'Bouddha' signifie littéralement 'celui qui est éveillé' et il existe de nombreux Bouddhas, et non pas un seul. Les sages se sont réveillés de l'illusion de la séparation et nous en sommes tous capables. C'est pour cela que vous aussi êtes un Bouddha (nous sommes endormis et nous cherchons à nous réveiller, tout simplement).

Les indiens ont leur propre représentation du Bouddha, tout comme les thaïlandais, les japonais, et bien sûr, les chinois, dont le Bouddha est celui que vous voyez souvent dans les restaurants avec des enfants qui tournent autour. Dans chaque cas, c'est une représentation culturelle du Bonheur absolu tel qu'ils l'envisagent, rien de plus.

Ce que j'aime vraiment dans le bouddhisme, c'est que le Bouddha était un homme simple, sans attitude sacro-sainte que nous ne pourrions jamais égaler. Il était comme vous et moi. Il n'était pas un Dieu (bien que certaines sectes l'appellent 'Le Seigneur Bouddha'), il n'avait rien de spécial jusqu'à son moment 'Euréka'. Une fois qu'il a compris comment l'univers était interconnecté, presque tout le monde l'a pris pour un fou (certains le pensent encore aujourd'hui). Mais certaines personnes savaient qu'il avait découvert quelque chose – quelque chose de merveilleux – et ses enseignements ont commencé à s'étendre aux pays voisins (et cela continue aujourd'hui).

Comme c'est le cas avec toute idée une fois qu'elle est partagée, il existe de nombreuses variations – sectes – du bouddhisme et certaines se contredisent même les unes avec les autres. Vous souvenez-vous du téléphone arabe ? Même principe !

Toutefois, le Buddhist Boot Camp est non sectaire et reste fidèle aux préceptes d'origine tels qu'ils étaient avant d'être imprégnés des cultures environnantes ; la vision de différents maîtres m'a forcément influencé mais je fais de mon mieux.

Est-ce que le bouddhisme est une religion ? Cela dépend de votre définition de 'religion'. Il n'y aucune théorie sur 'Dieu' (dans le sens d'un créateur), et toute référence à Dieu est en rapport avec la divinité intérieure de chacun (qui englobe tous les êtres vivants). Si c'est une religion, elle ne ressemble à aucune autre.

Je vois le bouddhisme comme une philosophie ou une école de pensée. On peut être chrétien ou juif par exemple, et trouver que les enseignements du Bouddha sont utiles et source d'inspiration.

Pour résumer du mieux que je peux, le Bouddha nous enseigne que nous sommes la cause de notre propre souffrance quand nous nous attachons aux choses éphémères. Nous nous accrochons aux gens, à la santé et à la jeunesse même si nous savons intellectuellement que rien n'est éternel. C'est pourquoi le concept du 'lâcher-prise' est tellement fondamental dans le bouddhisme. Reconnaître que tout passe comme un nuage dans le ciel : certains sont beaux, cotonneux et nous font sourire alors que d'autres sont noirs et froids – mais ils sont tous passagers.

L'éphémère a une certaine beauté qui ne peut être vécue que sans attachement, quand nous apprécions chaque moment en sachant pertinemment qu'il va passer et faire place à un autre. Ce n'est qu'à ce moment que l'on peut célébrer chaque respiration au lieu de se sentir triste à propos de ce qui n'est plus ou de ce qui ne sera jamais plus. Comme Tyler Durden dans le film Fight Club l'a expliqué (de manière peu délicate) : « Il faut savoir. Ne pas avoir peur. Il faut savoir qu'un jour, vous allez mourir. » Pour ma part, cette distinction est la clé du bonheur. Vous pouvez choisir d'être heureux ou d'avoir peur… mais cela reste votre choix.

Il n'existe aucun commandement à adopter ni de règles à suivre qui ferait de vous un 'mauvais bouddhiste' si vous échouez. Tous les bouddhistes ne sont pas végétariens non plus ; le Bouddha en personne serait mort en mangeant un morceau de porc avarié. Personne ne vous envoie en enfer pour vos actions mais il y a des conséquences naturelles pour chaque action (cause et effet… karma).

Il faut comprendre avec compassion que chacun suit sa propre voie mais aussi respecter à chaque moment le stade d'évolution de tous. Sans peur, sans haine, sans préjugé ni hostilité mais une profonde compréhension, une empathie, un amour et un respect pour tous les êtres vivants.

Nous sommes tous nés capables de voir le monde clairement et sans jugement et d'être en admiration devant sa beauté et ses merveilles. Pourtant, après des années à baigner dans la cupidité, l'égo, l'égoïsme et la peur, notre vision s'assombrit et nous ne pouvons plus voir que nous sommes tous les mêmes malgré nos différences.

Quand vous pensez au bouddhisme, voyez-le comme un essuie-glace qui nettoie la saleté qui a souillé vos yeux ; et plus vous lisez à ce sujet – plus vous utilisez les essuie-glaces – plus vous aurez de moments de clarté et plus vous serez heureux. Je vous le promets !

Une pratique spirituelle ne vous fait pas vivre plus longtemps ; elle vous fait vivre plus intensément.

Je suis votre frère, que vous le sachiez ou non et je vous aime, que vous soyez d'accord ou non.

*Faire preuve d'humilité ne signifie pas penser moins de vous-même ;*
*cela signifie penser à vous moins souvent.*
*— C.S. Lewis*

# Enseigner aux Enfants Comment Penser, et Non Pas Quoi Penser

Quand j'étais enfant, l'étude de la Bible était obligatoire à l'école mais je me souviens être rentré à la maison quand j'avais huit ans et annoncer à mes parents que je ne croyais pas que tout ce qu'il y avait dans ce livre était réellement arrivé.

Heureusement, mon père me donna la clé pour me servir de mon propre raisonnement. Il me dit : « Tu n'es pas obligé de croire tout ce que tu lis mon fils. Vois simplement la Bible comme Blanche-Neige ou Cendrillon, d'accord ? »

Soulagé d'avoir cette liberté de choix, j'ai répondu : « Eh bien, dans ce cas, c'est un livre génial avec des tas d'histoires merveilleuses et de leçons. Je l'aime bien ! »

J'ai continué à lire le premier testament jusqu'à ce que je déménage aux États-Unis où j'ai découvert beaucoup d'autres religions que j'ai entrepris d'étudier avec autant d'enthousiasme.

Quand je suis tombé sur la citation suivante du Bouddha, elle m'a rappelé ce que me disait mon père quand j'étais petit :

« Ne crois pas tout ce que tu vois, tout ce que tu lis ou que tu entends émanant d'autrui, que cela provienne de figures d'autorité, de religieux ou de textes… Découvre par toi-même ce qui est la vérité, ce qui est véritable, et tu te rendras compte qu'il existe des choses vertueuses et des moins vertueuses. Une fois que tu as découvert cela, abandonne ce qui est mauvais pour adopter ce qui est bon. »

Il existe une différence entre ce que nous pensons intuitivement être vrai et ce que d'autres nous ont dit d'accepter comme étant la vérité. Je vous encourage à ne jamais vous arrêter de réfléchir à cette différence.

> *Je ne suis pas ce qui m'est arrivé.*
> *Je suis ce que je choisis de devenir.*
> *— Carl Jung*

# Le Monde Entier est Votre Maître

À 18 ans, mes parents m'ont déshérité parce qu'ils n'approuvaient pas la personne de qui j'étais tombé involontairement amoureux. Je me souviens avoir tremblé au son des obscénités qu'ils me balançaient à travers la pièce en hurlant : « Tu n'existes plus pour nous. » Et ils m'ont effectivement ignoré pendant 3 ans.

En fait, pendant un moment, ça m'arrangeait bien de ne plus les avoir dans ma vie, mais je me sentais mal au souvenir des mots « Je te hais » que j'avais dit à mon père et qui potentiellement, pouvaient être les derniers. Alors, après toutes ces années, je suis allé le voir à son travail sans le prévenir et il a laissé tomber ce qu'il était en train de faire pour venir m'embrasser et s'excuser. Il m'a dit : « Je veux juste que tu reviennes dans ma vie. » et nous sommes repartis sur des bases nouvelles dès ce moment-là, pas comme père et fils mais comme amis.

Pour ma mère, c'est une autre histoire. Il nous est arrivé de passer de bons moments mais elle est encore en proie à la rancune et la colère liées à son enfance. Vous pouvez donc imaginer que pour elle, quelque chose d'aussi 'récent' qu'il y a 17 ans peut être encore frais dans sa mémoire.

Curieusement, je leur suis extrêmement reconnaissant. Alors que mon père continue à me montrer ce que lâcher prise signifie, l'attitude de ma mère m'a enseigné des leçons tout aussi précieuses sur ce qu'il NE FAUT PAS être. C'est triste en fait, et je lui souhaite de commencer à pardonner aux personnes qui l'ont blessée dans le passé et qu'un jour, elle décide de me pardonner aussi. La rancune est un poison pour notre santé et cela me fait de la peine de la voir souffrir autant.

Je vous encourage à ne pas fermer votre porte aux gens avec qui vous avez eu des désaccords. Ils ne deviennent des conflits que quand la fierté et l'égo s'en mêlent et les gens finissent toujours par changer. Parfois, ils ont simplement besoin de savoir que vous leur avez déjà pardonné et qu'ils peuvent vous recontacter.

Il est vrai que nous tirons un certain réconfort en nous entourant de gens qui pensent comme nous mais les gens qui ne sont pas d'accord avec nous nous offrent une occasion exceptionnelle de grandir et de mûrir. Ceci m'a appris à considérer tout le monde comme mon maître.

*La vie devient plus simple*
*quand on apprend à accepter une*
*excuse qu'on n'a jamais eue.*
*— Robert Brault*

# Un Pseudo-Problème Avec La Règle d'Or

L'idée qui se cache derrière la règle d'or est fantastique (traiter les autres comme on souhaiterait être traité). Mais de nos jours, on ne se traite pas très bien nous-mêmes ! Nous consommons en toute conscience des choses qui sont mauvaises pour nous, nous continuons à faire un boulot que nous détestons, et nous passons plus de temps à stresser qu'à nous relaxer.

Maintenant que j'y pense, nous TRAITONS les autres aussi mal que nous-mêmes ! Nous donnons des cochonneries à manger à nos enfants, choisissons ce qui est bon marché plutôt que la qualité même quand il ne faut pas, nous accordons rarement toute notre attention à qui que ce soit, et nous exigeons beaucoup des autres, au-delà du raisonnable ou même du possible.

Essayons quelque chose de nouveau : traitons tout le monde comme si nous venions d'apprendre que nous étions sur le point de mourir. Pourquoi ? Parce qu'il semble que ce soit le SEUL moment où nous soyons susceptible de ralentir suffisamment pour voir la vie sous un nouvel angle – soit à ce moment-là, soit quand nous avons une expérience de mort imminente. Soyez bon, patient, aimable et compréhensif.

On va tous dans la même direction alors commençons à mieux nous traiter les uns les autres sur le chemin !

> *Je veux que vous vous souciiez de votre voisin.*
> *Le connaissez-vous ?*
> *— Mère Teresa*

# COMPRENDRE

## Le Contraire de Votre Vérité est Également Vrai

Vous n'êtes pas obligé d'être d'accord avec le choix des autres, apprenez seulement à vivre avec en paix. Ceci comprend (mais n'est pas limité) aux opinions politiques, aux croyances religieuses, aux restrictions alimentaires, aux problèmes de cœur, aux choix de carrière et aux maladies mentales.

Nos opinions et nos convictions ont tendance à changer selon le moment, le lieu et les circonstances. Et puisque nous faisons tous l'expérience de la vie à notre manière, il existe de nombreuses théories sur ce qui est meilleur, ce qui est moral, ce qui est juste ou ce qui est mal.

Il est important de se souvenir que le point de vue des autres sur la réalité est aussi valable que le vôtre. C'est pourquoi le premier précepte de ce Buddhist Boot Camp est que le contraire de votre vérité est également vrai.

Peu importe si l'on est certain de notre version de la vérité, nous devons accepter avec humilité la possibilité que quelqu'un qui croit le contraire puisse avoir raison (selon leur moment, leur lieu et leurs circonstances). Ceci est la clé du pardon, de la patience et de la compréhension.

Cela dit, la tolérance NE SIGNIFIE PAS d'accepter ce qui est néfaste. Parfois, la leçon que nous devons apprendre est de savoir dire 'non', partir au bon moment et quand nous soustraire à la cause même de l'angoisse. Après tout, nous créons l'environnement dans lequel nous vivons.

Pendant mon séjour dans des familles d'accueil dans le monde entier et pendant des années, j'ai remarqué que leurs définitions des mots de tous les jours comme 'confortable' ou 'propre' étaient souvent différentes des miennes. Le contraire de ce que je croyais s'est avéré être tout aussi vrai pour d'autres, ce qui fut une vraie leçon d'humilité.

Si deux personnes peuvent avoir des définitions très différentes sur le terme 'à quelques pas', imaginez ce que cela signifie pour des mots plus importants tels que 'bien', 'mal', 'Dieu' et 'l'Amour'.

> *Ce que les chenilles appellent la fin du monde,*
> *le maître l'appelle un papillon.*
> *— Richard Bach*

# Réécrire les Histoires que l'On se Raconte

Il y a quelques années, je suis retourné au sanctuaire de mes maîtres sur Big Island à Hawaii pour un weekend de retraite, me sentant humble à l'idée de me retrouver en présence de sommités à qui j'aurais l'occasion de poser des questions sur le sens de la vie, la pratique spirituelle et l'ordination.

Quand mon amie et moi sommes arrivés à leur ferme biologique et que nous nous étions installés dans la yourte qui avait été mise à notre disposition pour y dormir, j'ai tout de suite été déchiré par deux réactions contradictoires sur l'endroit : d'un côté, je pensais que c'était l'un des lieux les plus beaux et paisibles que j'avais jamais vus (isolé, calme et entouré d'étangs de lotus et grouillant de carpes, avec des statues de Bouddha, des drapeaux de prières tibétains et des arbres fruitiers exotiques tout autour de la propriété, il se trouvait à côté d'une magnifique forêt de bambous qui offrait une vue sur l'océan et l'ile voisine de Maui). Mais de l'autre côté, je n'étais pas très fan du camping. Aussi dingue que cela puisse paraître, j'avais une peur bleue des insectes et je me sentais extrêmement mal à l'aise à l'idée de partager mon espace avec eux.

C'est idiot, je le sais bien, mais j'avais été élevé dans des bâtiments en béton qui étaient régulièrement fumigés pour bien distinguer la nature à l'extérieur de l'environnement sans insecte destiné aux humains à l'intérieur.

À la ferme, cette séparation n'était pas évidente et était parfois même inexistante. Alors, au lieu de me sentir calme et serein au sanctuaire, je me roulais en position fœtale et imaginais sans cesse que quelque chose était en train de ramper sur moi.

Mon amie m'a suggéré de parler de mon anxiété avec nos hôtes mais je pensais qu'elle était folle : « Je suis ici, avec l'occasion de profiter de leur profonde sagesse, obtenue après des années passées à étudier avec des gourous du monde entier et à faire des retraites silencieuses dans des cavernes en Inde et tu veux que je leur parle de ma peur des INSECTES ?! »

J'ai secoué la tête et lui ai dit: « Pas question, c'est trop embarrassant. »

À ce moment-là, nos hôtes sont entrés dans la yourte avec une marmite de soupe de pois cassés, des légumes et du quinoa cuits à la vapeur et se sont joints à nous pour diner près de l'autel.

En écoutant leurs conseils spirituels, c'était comme si nous étions assis autour d'un feu au temps de la bible à entendre les paroles de Dieu de la bouche des sages… c'était magnifique.

Soudainement, mon amie a dit tout haut : « Tu n'as rien à leur demander ? » J'avais envie de disparaître comme par magie pour éviter la conversation qui allait devoir s'ensuivre. Mais je ne pouvais pas m'échapper et ma cape d'invisibilité ne marchait pas. :)

Je leur ai demandé : « Comment est-ce que vous faites ? Il y avait une araignée de la taille d'un scorpion dans la salle de bains ; il y a des crickets et des mille-pattes partout ; des grenouilles, des abeilles et je ne sais quoi d'autre qui rampe dans cette tente glorifiée ! Je vous suis extrêmement reconnaissant de nous avoir invités ici mais je ne pense pas pouvoir rester. Je dois partir ! »

Avec quelques mots de sagesse soigneusement choisis, ils m'ont habilement invité à réécrire l'histoire que je m'étais faite à propos des insectes. Ils ont modifié ma perception afin que je puisse mieux comprendre que peut-être, les insectes n'envahissaient pas 'mon' territoire, mais que plutôt, j'envahissais le leur. Ils m'ont demandé : « Qui était là en premier ? » et j'ai compris immédiatement qu'ils avaient raison. L'araignée qui faisait 1/100ème de ma taille avait très certainement plus peur de moi qu'autre chose. Ils ont suggéré que si j'essayais de donner des noms aux insectes quand je les voyais (Richard le mille-pattes, Maya l'abeille), je prendrais conscience que chaque animal est quelqu'UN et non quelque CHOSE.

Après une semaine passée à la ferme et plus d'occasions que je n'en aurais souhaité de mettre en pratique cette nouvelle perspective, je me suis rendu compte que ma peur provenait simplement d'un comportement appris en regardant la réaction de ma mère vis-à-vis des insectes quand j'étais enfant.

Dès que j'ai trouvé la 'page' où j'avais écrit que les insectes étaient mauvais dans mon esprit, j'ai été en mesure de l'effacer et écrire autre chose à la place : « Toutes les créatures vivantes sont égales. »

À ce jour, je ne trouve toujours pas les insectes adorables et je n'ai pas de tarentule comme animal de compagnie. Mais environ un an après, alors que je rendais visite à mes parents dans leur domicile stérile, j'ai remarqué une petite araignée qui était entrée dans la maison et qui avait grimpé sur ma main pendant que je parlais avec mon père. Sans même m'en apercevoir, j'ai laissé l'araignée grimper sur mon autre main et lui ai dit : « Salut toi… tu es perdue ? »

Je l'ai calmement amenée dehors où elle a sauté de ma main sur la pelouse. Je pense qu'elle a dû passer une demi-heure à se nettoyer parce qu'un humain un peu 'crade' l'avait touchée.

Quand je me suis rassis pour poursuivre la conversation avec mon père, il me regardait en état de choc.

Est-ce que ce n'est pas agréable de savoir que même si on a toujours réagi d'une certaine façon, on peut toujours en changer?

Nos convictions ne sont que des histoires que nous avons nous-mêmes écrites il y a des années. Une fois qu'on le sait, ne sentez-vous pas le pouvoir que cela vous procure d'être capable de les réécrire si elles sont devenues inutiles ?

Faites une analyse de votre esprit pour chercher des virus comme la peur, l'anxiété, le jugement, le doute, la haine et le désespoir et inscrivez une petite note à côté de chacun d'entre eux qui dit : « Obsolète. Ne s'applique plus aujourd'hui. »

*J'ai tellement appris de mes erreurs*
*que je pense que je vais sortir*
*en faire d'autres !*
*— Anonyme*

# La Vérité d'Un Homme est Le Blasphème d'Un Autre

Je pensais que Dieu, la Bible, la religion, Jésus et l'église était la même chose. Alors, quand j'ai commencé à poser des questions sur l'église et la Bible, j'ai commencé à douter de l'existence de Dieu – et c'est bête ; ils n'ont rien en commun.

Il est tout à fait possible (et tout à fait acceptable) de croire en Dieu mais pas en la Bible, d'être religieux mais de ne jamais aller à l'église, et pourtant aimer Dieu. Pourquoi ? Parce qu'ils n'ont rien à voir les uns avec les autres ! Une des erreurs les plus répandues est que l'on se sent obligé de croire en un tout ou en rien, ce qui explique pourquoi un bon nombre de personnes ne croient en rien (c'est certainement plus facile et plus intéressant que d'être piégé au sein d'un dogme complexe).

C'est difficile à expliquer alors, soyez patient avec moi et essayez de ne pas vous bloquer là où les mots ont du mal à communiquer ; mais je vais faire de mon mieux.

La façon dont je vois les choses désormais, c'est que 'Dieu' n'est pas un créateur, et il n'est pas non plus à l'origine de l'existence des choses (on ne sait pas qui l'est), mais Dieu est l'énergie invisible qui fait battre nos cœurs et fait respirer nos poumons. C'est quelque chose que nous ne maîtrisons absolument pas et pourtant, nous croyons fermement qu'elle nous réveillera tous les matins. Que l'on veuille l'admettre ou non, nous sommes profondément confiants que cette énergie continuera de faire tourner la terre dans les 5 prochaines minutes. Ce n'est pas quelque chose que nous savons mais quelque chose en lequel nous croyons. Nous avons foi en

'Dieu' mais celle-ci n'a rien à voir avec la religion, la Bible, ou encore moins, l'église. Et le nom que vous lui donnez n'a pas autant d'importance que la gratitude que vous éprouvez à son égard.

Le bouddhisme est différent des autres religions car il n'a pas de 'Créateur/Dieu', ni de théorie sur la naissance du monde. Si vous demandez à n'importe bouddhiste comment le monde est apparu, il vous répondra simplement : « Je ne sais pas. » Ce genre d'honnêteté est simplement génial !

La Bible est une histoire qui raconte l'expérience de Dieu vécue par quelqu'un d'autre (l'énergie invisible décrite ci-dessus). Plus précisément, la Bible est l'histoire de l'explication de quelqu'un d'autre sur ce qu'il a compris des croyances de quelqu'un d'autre il y a des siècles, avant que l'histoire n'ait été traduite, translittérée, reformulée, copiée et transformée pendant plus de 2 000 ans de révisions multiples.

La religion est ce qui arrive quand quelqu'un prend le précepte de Dieu dans les écritures (en tant que créateur) et concocte une histoire sur la raison et le but de notre présence en ce monde.

Et l'église ? Eh bien, c'est une entreprise. Et comme toute entreprise, son but est de faire des affaires. Il est facile de rejeter l'église dans son intégralité parce qu'on aimerait qu'elle soit cohérente dans ses enseignements et ce n'est pas le cas.

De nombreuses églises font de très belles choses pour venir en aide à des gens de tous les milieux mais il y a encore des églises qui prêchent la haine et le jugement, c'est donc devenu plus facile de l'ignorer complètement plutôt que d'essayer de la comprendre. Je me sens vraiment mal pour les églises qui font de belles choses dans ce monde parce que les autres déteignent sur elles. C'est pourquoi j'invite tout le monde à faire le bien sans affiliation, juste pour faire le bien.

En ce qui concerne Jésus… J'adore ce frère ! Je l'ai déjà dit et je vais le répéter : il était vertueux, il avait une foi extraordinaire dans le pouvoir thérapeutique de l'amour et il croyait à la paix, la fraternité et la bienveillance. Nous faisons l'erreur de vénérer les maîtres plutôt que les enseignements et nous allons jusqu'à les idolâtrer comme s'ils n'étaient plus de simples humains. Nous fabriquons des récits formidables mais complètement exagérés sur leurs vies. En soi, cela ne poserait aucun problème si l'importance de l'exemple qu'ils montraient n'était complètement noyée dans le processus.

Comme le dit Gerry Spence : « Mon intention est de dire la vérité telle que je la connais, en comprenant que ce qui est vrai pour moi peut être un blasphème pour les autres. »

Nous ne sommes pas obligés d'être d'accord avec le choix des autres, apprenons seulement à vivre avec en paix. Ceci comprend (mais n'est pas limité) aux opinions politiques, aux croyances religieuses, aux restrictions alimentaires, aux problèmes de cœur, aux choix de carrière et aux maladies mentales.

Cela dit, la tolérance NE SIGNIFIE PAS accepter ce qui est néfaste. Que tous les êtres vivent en paix et vivent heureux.

*Vous pouvez affirmer sans risque*
*que vous avez créé Dieu à votre image*
*s'il s'avère que ce Dieu*
*hait les mêmes personnes que vous.*
*— Anne Lamott*

## Le Repentir

Dans ma vie…

J'ai été égoïste, rancunier et j'ai refusé de m'excuser ;

J'ai trompé presque toutes les personnes avec qui j'ai eu une relation ;

Je n'ai pas toujours respecté l'engagement des autres ;

J'ai tué deux chats ;

J'ai frappé un chien et lui ai fait du mal ;

Je suis allé pêcher avec mon père ;

J'ai menti à mes parents, à mes amis, à mes petites amies, à mes professeurs, à mes employeurs, au gouvernement, et à des inconnus ;

J'ai triché à mes examens ;

J'ai copié les devoirs de quelqu'un d'autre ;

J'ai fait beaucoup d'infractions au code la route ;

J'ai volé ;

J'ai répandu des rumeurs ;

J'ai été homophobe ;

J'ai brulé des fourmis et des araignées avec une loupe quand j'étais enfant, et ai tué d'autres insectes au cours de ma vie par d'autres moyens ;

J'ai prononcé des mots très durs que je ne pourrai jamais effacer ;

J'ai discriminé certaines personnes à cause de leur apparence ;

J'ai souhaité du mal à d'autres ;

Je me suis servi de la culpabilité pour manipuler ;

J'ai été cupide ;

J'ai été ignorant ;

J'ai approuvé des actes de guerre ;

J'ai approuvé l'acte de tuer des animaux au travers de mes choix alimentaires ;

et j'ai consommé des boissons et certains aliments qui sont toxiques pour ma santé.

Je n'ai aucune excuse.

Je suis désolé.

*Si vous ne vous repentez pas franchement pour vos erreurs,*
*il est probable que vous les répétiez.*
*— Cheng Yen*

# Continuer à Apprendre

À l'âge adulte, je trouve que la patience est la chose la plus difficile à pratiquer.

Quand j'étais enfant, le moyen le plus sûr d'embêter mon père était de rester à ne rien faire avec les mains dans les poches. Il disait : « C'est un signe de paresse, fais quelque chose ! »

Je m'aperçois aujourd'hui que depuis tout petit, on m'avait appris à tout faire très vite et bien, sous peine de contrarier les grandes personnes et d'en subir les conséquences. C'est sans doute pour cela que j'ai été attiré par une carrière dans un cabinet d'avocats quand j'étais jeune; un rythme effréné, froid, brutal, impitoyable, exigeant et... eh bien, tout à fait comme un Buddhist Boot Camp !

Après avoir passé une dizaine d'années comme juriste et secrétaire juridique, je suis moi aussi devenu froid. Non seulement j'aimais vraiment le ton directif sur lequel on me donnait mes tâches, je commençais moi aussi à traiter les autres avec la même rigidité. C'était efficace après tout, et la règle d'or est de 'traiter les autres comme on veut être traité', pas vrai ?

Faux.

La règle d'or ne s'applique pas si l'on veut être traité comme une machine. Je ne comprenais pas pourquoi les gens n'arrivaient pas à gérer ça 'comme des mecs' (façon de parler).

Et j'entends encore mes parents hurler : « Je vais te donner une raison de pleurer » et cela me fait frémir.

Malheureusement, j'ai gâché la plupart de mes relations à cause de cette mentalité inflexible et ce n'est qu'après avoir vécu dans un monastère avec des maîtres extraordinaires qui ont su en analyser les causes que j'ai pu enfin comprendre ce qui se passait.

J'avais été abusé et j'étais devenu abusif, non seulement envers les autres mais aussi envers moi-même.

Le côté positif est que LE CHANGEMENT EST TOUJOURS POSSIBLE.

La première étape était d'en prendre conscience (comprendre clairement pourquoi j'étais ainsi et m'engager à changer), mais les vieilles habitudes sont coriaces et les changer nécessitait quelque chose qu'on ne m'avait jamais enseigné : la patience.

La vie est une école permanente dans laquelle tout le monde est notre maître et chaque situation contient une leçon à apprendre. C'était seulement en étant d'abord patient avec moi-même que je pouvais apprendre à l'être avec les autres.

Je ne blâme pas mes parents de m'avoir élevé comme ils l'ont fait (ils ne savaient pas faire autrement car ils ont probablement été élevés de la même façon) et je ne blâme surtout pas la profession juridique de fonctionner de cette manière (après tout, c'est moi qui l'ai choisie jusqu'à ce que je décide de la quitter).

Je me suis laissé dire que certains cabinets d'avocats s'éloignent de cette façon d'opérer et instaurent des techniques de communication non violente sur le lieu de travail. Et avouons-le, s'il y a de l'espoir pour les avocats, il y en a pour nous tous ! (Mes excuses aux avocats du monde entier de qui on se moque tout le temps.)

Nous faisons nos propres choix et nous en payons le prix. C'est pourquoi, il y a quelques années, j'ai décidé de devenir bon, aimable, patient, compréhensif, affectueux et compatissant. Je suis avec vous : je suis encore en train d'apprendre.

Merci pour votre patience.

> *Une leçon se répètera jusqu'à ce que vous l'appreniez.*
> *— Anonyme*

## Le Juste Milieu

Quand les choses ne se passent pas comme on le souhaite, on cherche à blâmer des circonstances extérieures au lieu de réfléchir à ce qu'on aurait pu faire autrement, ou alors, on y réfléchit tellement qu'on finit par se faire trop de reproches.

Il existe un juste milieu entre ce que nous voyons comme des issues possibles si nous avions fait les choses autrement mais on ne se traite pas de raté ou de loser pour autant, simplement parce qu'on n'avait pas toutes les cartes en main d'entrée de jeu.

Il est très facile de repérer ces extrêmes chez les autres quand ils s'énervent et évacuent leurs frustrations sur tout ce qui s'est mal passé parce qu'ils n'arrivent pas à voir ce qu'ils auraient pu faire différemment, mais il faut savoir faire preuve d'autant de discernement quand c'est à NOUS que cela arrive.

On se met en quatre pour essayer de se trouver de bonnes raisons et se sentir mieux par rapport à ce qui s'est passé, mais même si on s'éloigne de la situation avec un sentiment de légitimité, on ne se sent pas plus sage pour autant.

Quand d'autres se culpabilisent parce qu'ils n'arrivent à rien, nous les invitons à considérer une autre approche en leur rappelant qu'il y avait d'autres facteurs qui entraient en jeu. Alors pourquoi est-ce que nous avons autant de mal à le faire pour NOUS-MÊME quand nous nous sentons minables ?

C'est pourquoi, à mon avis, il est si important d'avoir des amis honnêtes dans son entourage. Ils nous parlent franchement (qu'on veuille l'entendre ou non) et si on a assez de jugeote, on prend tous les commentaires en compte pour apprendre, grandir, mûrir et réessayer.

*Si vous voulez que votre vie soit une histoire magnifique,*
*commencez par comprendre que vous en êtes l'auteur,*
*et que chaque jour vous offre l'opportunité*
*d'écrire une nouvelle page.*
— *Mark Houlahan*

## La Beauté du Gris

Il y a quelques années, j'ai pris la décision de vivre une vie simple et sans complication et je pensais que cela signifiait se débarrasser de tout ce qui faisait obstacle à cet objectif. En conséquence, je me suis balancé comme un pendule pendant quelques années en allant d'un extrême à l'autre, sans me rendre compte que la sérénité ne pouvait se trouver ni dans l'un, ni dans l'autre, mais à mi-chemin entre les deux.

Quand vous n'êtes pas dans les extrêmes mais quelque part au milieu, rien ne peut vous offenser. Ressentir de la compassion et une profonde compréhension envers les autres est beaucoup plus facile quand vous êtes près d'eux.

Allez-y ! Entourez-vous de personnes qui partagent votre point de vue pour le réconfort et le soutien mais n'oubliez pas de respecter autant, sinon plus, ceux qui vous poussent à bout, car ce sont ceux qui vous offrent l'opportunité de grandir et de mûrir jusqu'à ce qu'ils n'aient plus aucune prise sur vous.

Je sais maintenant que le monde n'est pas noir et blanc. La plupart du temps, nous vivons dans le gris.

> *Kinã'ole : Un mot hawaïen qui veut tout dire.*
> *Faire ce qui est juste, de la bonne manière,*
> *au bon moment, au bon endroit,*
> *pour la bonne personne, pour la bonne raison,*
> *avec le bon sentiment… dès la première fois !*

## Vivre et Laisser Vivre

Pendant mon voyage à travers le pays, j'ai séjourné chez différentes personnes dans des villes différentes, et une chose s'est avérée être universelle : nous créons tous une bonne partie de notre souffrance !

J'ai été accueilli chez une personne, avec qui j'aurais dû normalement très bien m'entendre puisque nous faisions tous deux du yoga, aimions fréquenter les marchés fermiers, étions végétariens et respectueux de l'environnement etc., mais il y avait cette différence fondamentale entre nous qui n'était pas si évidente au premier abord : c'était un militant qui se battait et protestait contre tous ceux qui ne partageaient pas les mêmes valeurs que lui, mais ce n'est pas mon cas. Il était en colère après ceux qui mangeaient de la viande par exemple, avec les conducteurs de voitures polluantes et même après moi parce que je n'étais pas en colère après eux ! C'était très intéressant.

Je comprends tout à fait pourquoi les gens mangent de la viande – parce que ça a bon goût par exemple ! Mais mon choix d'arrêter de manger de la viande dans les années 90 n'a pas transformé mes amis carnivores en ennemis (pas plus que je n'essaie de convertir qui que ce soit à mon mode de vie en leur disant que ce qu'ils font est 'mauvais').

Si les personnes qui me connaissent se sentent inspirés pour changer leur régime alimentaire ou sportif pour ressembler au mien dans l'espoir d'obtenir des résultats similaires, c'est super, mais ce n'est pas à moi de juger ceux qui ne le font pas.

C'est ma façon à moi de montrer l'exemple. Certains suivent, d'autres non. C'est la vie.

Quand j'étais en Floride quelque temps, mes nièces se sont levées un matin et m'ont demandé de leur préparer leur petit-déjeuner. Je leur ai demandé : « Qu'est-ce que vous voulez manger ? » et elles m'ont répondu : « Des œufs brouillés, tonton T ! »

C'était un vrai test. J'avais le choix de dire : « Pas question ! Je ne mange pas d'œufs et vous ne devriez pas en manger non plus ! » ou simplement leur dire : « Vous voulez des toasts avec ? »

J'ai préparé leurs œufs comme elles le souhaitaient et puis, elles m'ont demandé : « Pourquoi tu n'en manges pas, toi ? ». Je leur ai expliqué ce que végan signifiait et pourquoi je mangeais autre chose. Elles ont souri et m'ont dit : « C'est cool ! » et elles ont terminé leur petit-déjeuner.

La graine du choix a été plantée. Je leur ai présenté un style de vie différent parce qu'elles ont posé la question mais sans les forcer. Avec le temps et les bonnes conditions, ces graines vont germer et pousser, et mes nièces prendront leurs propres décisions. En fait, une semaine après, elles ont essayé un smoothie de fruits frais pour le petit-déjeuner et elles ont vraiment adoré !

Ma vie est mon message. Même la page Facebook "Buddhist Boot Camp" et le livre ne sont pas des choses que j'IMPOSE à qui que ce soit ; je partage simplement ma vie avec tous ceux d'entre vous qui CHOISISSEZ d'en faire partie, et c'est ce que j'apprécie le plus dans ces supports média. Ce que vous décidez de faire avec le message est votre choix.

Nous ne sommes pas toujours d'accord sur tout (et nous n'y sommes pas obligés), mais nous comprenons l'importance d'être bon avec autrui, sans se juger les uns les autres et en regardant autrui comme des êtres humains qui essaient de faire de leur mieux.

Qui a dit, « Vivre et laisser vivre » ? Je pense qu'il/elle était sur la bonne voie !

*Si vous réfléchissez aux moments les plus heureux de votre vie, c'était ceux où vous faisiez quelque chose pour quelqu'un d'autre.*
*— Desmond Tutu*

# Le Vote

Voter n'est pas seulement quelque chose que nous faisons pour les élections ; c'est un mode de vie quotidien. Nous votons avec nos portefeuilles à chaque fois que nous décidons d'acheter quelque chose (que ce soit au supermarché, au grand magasin ou sur internet).

Par exemple, la seule raison pour laquelle les supermarchés à Hawaii vendent des mangues importées de l'Équateur est que les gens continuent de les acheter. Les fruits tropicaux poussent ici-même sur l'île, mais nous ne pouvons pas en vouloir aux magasins de vendre ce que nous demandons. En revanche, si nous décidons de n'acheter que des mangues locales, alors, ils ne vendront que celles-là ; c'est aussi simple que ça.

Si, par exemple, vous êtes contre la souffrance animale et achetez quand même du dentifrice produit par une société qui teste sur les animaux, vous soutenez globalement une cause en laquelle vous ne croyez pas. Rappelez-vous : c'est votre comportement qui vous rend meilleur, pas vos convictions ! Nous votons quand nous payons pour des services aussi, pas seulement des produits. Si vous êtes contre la violence mais vous précipitez au cinéma pour voir le dernier blockbuster rempli de violence, alors d'autres films qui glorifient la guerre seront produits, ce qui ne fera qu'ajouter de la violence dans le monde.

Faites l'inventaire des conséquences à long-terme de vos décisions et assurez-vous qu'elles sont en harmonie avec vos valeurs. Comblez le fossé entre ce en quoi vous croyez et comment vous vous comportez dans le monde.

*Vous n'êtes pas bloqué dans la circulation ; vous ÊTES la circulation.*
*Nous blâmons la société, mais nous SOMMES la société.*
— *Anonyme*

# LE SUCCÈS

## Le Véritable Luxe

Avez-vous remarqué comment nous observons chaque situation de manière relative ? Nous envisageons tout de suite des façons de changer les choses : meilleures, plus rapides, plus grosses, plus chaudes, plus ambitieuses ; c'est fatigant ! Imaginez maintenant que vous laissez tomber les étiquettes et les évaluations et que vous permettez aux choses d'être ce qu'elles sont sans désirer qu'elles soient autrement. Acceptez-vous et les autres sans avoir besoin de changer quoi que ce soit.

Vous continuerez forcément d'avoir des sentiments et des émotions (agréables et désagréables). Le Buddhist Boot Camp vous rappelle simplement qu'il faut savoir vous détendre, et reconnaître que tout est temporaire, y compris la jeunesse, la santé, et la vie elle-même. Chaque expérience est tout aussi éphémère que les nuages dans le ciel : la colère va et vient, l'enthousiasme grandit et s'essouffle, et les larmes se sèchent d'elles-mêmes. Entraînez-vous avec tendresse à observer vos sentiments et vos émotions aller et venir dans votre esprit, tout comme la circulation sur une rue très fréquentée.

Soyez conscient de ce qui se passe autour de vous mais essayez de le faire sans monologue intérieur. Observez sans porter de jugement, et faites l'expérience de la vie sans résister.

Les avis changent, les perspectives s'élargissent, et le contraire de votre vérité est tout aussi vrai. Prenez du recul et vous verrez que toutes vos angoisses sont auto-imposées. Nous attribuons un sens à tout et nous refusons d'accepter que rien n'est permanent. Au lieu de perdre du temps à réfléchir sur ce qui manque dans votre vie, rappelez-vous (si ce n'est que pendant 20 minutes par jour) de ce que vous avez déjà : un lit confortable où dormir, un toit sur votre tête, un air sain, de l'eau potable, à manger, des vêtements, des amis, des poumons en bonne santé et un cœur qui bat.

Quand vous arriverez à penser à chaque moment avec reconnaissance, non seulement vous ne ressentirez plus la vie avec un manque mais vous connaîtrez l'abondance.

C'est ÇA le luxe ! C'est ÇA d'être riche !

*Il y a des gens qui sont si pauvres,*
*tout ce qu'ils ont, c'est de l'argent.*
*— Anonyme*

# La Notion de Carrière est Exagérée

Je travaillais pour l'Amérique des entreprises et tous les mois, je donnais $1 000 de mon salaire aux créanciers pour éponger la dette énorme de ma carte de crédit quand un jour, je me suis aperçu qu'il ne me restait plus que deux mois avant d'être libéré de toute dette pour la première fois de ma vie d'adulte.

Je me suis demandé : « Qu'est-ce que je vais faire avec ces $1 000 supplémentaires par mois, une fois que ma dette est remboursée ? » Mon esprit commençait déjà à faire des projets avec toutes sortes de dépenses mais c'est là que j'ai eu un de mes grands moments 'EUREKA' et j'ai décidé qu'en fait, je n'étais pas obligé de gagner ces $1 000 supplémentaires tous les mois. Je pouvais tout aussi bien démissionner de mon travail, changer mon style de vie, travailler moins et vivre plus!

C'est devenu un jeu amusant de 'Comment vivre avec le moins possible et prendre du bon temps quand même ?' Déménager à Hawaii était à l'époque un choix évident (bien que beaucoup de gens pensent que c'est un endroit très cher) parce que tout ce que j'aime faire à l'extérieur comme jouer au tennis, au volley, faire de la randonnée, du vélo et du kayak ne sont pas seulement des activités amusantes et gratuites mais je peux aussi les faire toute l'année !

J'ai vendu tout ce que j'avais et j'ai déménagé à Hawaii sans compte épargne, mais sans dette non plus, déterminé à vivre une vie simple et sans complication.

C'était il y a 6 ans et j'en apprécie encore tous les moments. C'est vrai, j'aurais pu continuer à travailler à plein-temps et utiliser l'argent 'supplémentaire' pour aider autrui mais il existe de nombreuses façons de rendre service aux autres sans que ce soit une question d'argent (comme faire don de mon temps, de mes compétences, de mes qualités et de mon dévouement). Une vieille dame seule à l'hôpital après un AVC par exemple, n'a pas forcément besoin d'argent mais d'une main à tenir et maintenant que je ne travaille qu'à mi-temps, je peux le faire !

Un travail à plein-temps n'est pas la seule façon d'épeler SUCCÈS.

*L'homme sacrifie sa santé pour gagner de l'argent.*
*Et puis, il sacrifie son argent pour retrouver la santé.*
*Ensuite, il est tellement inquiet de l'avenir,*
*qu'il n'apprécie pas le moment présent.*
*En conséquence, il ne vit ni*
*dans le présent, ni dans l'avenir ;*
*il vit comme s'il n'allait jamais mourir ;*
*et puis il meurt sans avoir jamais vraiment vécu.*
*— Le Dalai Lama*
*En réponse à la question : Qu'est-ce qui vous surprend le plus ?*

## Savoir Se Retirer

Dans les années 90, je travaillais pour une société de développement de logiciels avec des responsables qui avaient l'habitude de nous crier dessus et de nous insulter, de balancer des piles de documents à travers la pièce et de hurler « Classe-moi ça ! » et de se disputer entre eux devant tout le monde. Je détestais tellement mon travail que j'en pleurais dans les toilettes pendant les pauses. J'y suis resté pendant un an parce que je pensais qu'avoir le nom de cette société sur mon CV serait bon pour ma carrière mais il se trouve que la société a coulé un mois après mon départ et personne ne s'est jamais soucié de savoir que j'y avais travaillé.

Le bouddhisme nous enseigne à être tolérants et reconnaissants mais la tolérance NE SIGNIFIE PAS accepter ce qui est néfaste. Même si vous croyez qu'il y a des avantages à rester dans une situation nuisible, je vous conseille vivement d'y réfléchir. L'abus n'est jamais justifiable et c'est seulement quand nous ne nous aimons pas suffisamment que nous laissons les autres nous manquer de respect. Quand on s'aime, on peut tout faire avec dignité et être apprécié à sa juste valeur ou bien, on peut offrir ses talents ailleurs.

Le succès signifie être heureux, et personne ne mérite de détester ce qu'il fait pour gagner sa vie. Aimez-vous suffisamment pour choisir le bonheur à chaque fois et vous serez la personne la plus heureuse du monde !

*La tolérance ne signifie pas accepter ce qui est néfaste.*
— *Timber Hawkeye*

# Le Succès Signifie Être Heureux

Si travailler à plein-temps vous donne l'impression de vivre à mi-temps, est-il possible que l'idée de carrière puisse être exagérée ?

Je ne connais personne qui repense à sa vie en se disant : « J'aurais dû passer plus de temps au bureau », alors, pourquoi fait-on de notre travail une priorité ? Si c'est parce que nous considérons ceux qui travaillent dur et gagnent beaucoup d'argent comme images du succès, il est temps de réévaluer ce point de vue ! Ils ont tendance à avoir beaucoup de stress dans leur vie, à avoir de la tension, des problèmes cardiaques, des ulcères, des maux de tête et des insomnies... C'est ça le succès pour vous ?

Seules les personnes qui aiment leur travail ont trouvé leur vocation. Avez-vous trouvé la vôtre ? Un travail à plein-temps n'est pas l'unique façon d'épeler SUCCÈS. Ne laissez pas la notion de changement vous faire aussi peur que la perspective de rester malheureux !

Le synonyme de 'vocation' dans le dictionnaire est un autre mot pour 'carrière', et détester le travail que l'on fait pour gagner sa vie n'est la vocation de personne. Si le succès signifie être heureux, êtes-vous sur la bonne voie ?

*La différence entre qui vous êtes*
*et qui vous souhaitez être*
*est ce que vous faites.*
*— Anonyme*

## Redéfinir ce qui est Suffisant

Bien sûr, ça serait bien de pouvoir dîner au restaurant tous les soirs, de dormir sur un matelas plus confortable, d'avoir un téléphone et un ordinateur plus récents, un fauteuil de massage, et de pouvoir voyager plus souvent mais je ne veux pas travailler 40 heures par semaine pour être capable de me permettre tout cela.

Je n'ai pas l'impression d'avoir sacrifié ces choses en décidant de ne travailler que 20 heures par semaine ; je les ai simplement échangées pour ce que je désire encore plus : arrêter de travailler à midi, aller me baigner, me balader, faire du bénévolat, jouer au tennis et au volley, écrire, lire ; j'ai le choix. Je ne serais pas en mesure de faire tout cela si je travaillais 40 heures par semaine et ce ne sont pas les 'choses' qui me rendent heureux mais tout ce temps libre est vraiment bénéfique pour ma santé (mentale, spirituelle, physique et émotionnelle).

La question est de savoir ce que vous voulez LE PLUS dans la vie et de vous demander si vos décisions quotidiennes reflètent votre réponse ?

Nous faisons nos choix, nous en payons le prix. Certains adorent leur travail à plein-temps et je pense que c'est génial. Mais que se passerait-il si plus de gens passaient à des semaines de travail de 20 heures ? Le nombre d'emplois seraient immédiatement doublé et ces personnes seraient deux fois plus heureuses à passer tout ce temps libre avec leurs familles et leurs amis. Est-ce que je suis fou de penser que nous avons beaucoup plus besoin de ÇA que d'acheter plus de CHOSES ?

Il y a une différence entre le coût et le prix des choses. Le COÛT d'un nouveau smartphone par exemple, est de $400 mais le PRIX représente deux semaines de travail (si votre salaire est similaire au mien).

Je reçois de nombreux e-mails de personnes me disant : « Je déteste vraiment mon travail et j'aimerais simplifier ma vie mais j'ai BESOIN de ce boulot pour payer mon assurance voiture, ma voiture, ma facture de portable, mon crédit immobilier, mes dépenses quotidiennes etc. » Ma réponse est simplement qu'un smartphone, un crédit voiture et les autres extras sont des choix que nous faisons et que le prix que nous payons pour ces choses n'est pas en termes de dollars mais en termes de ce que nous devons FAIRE pour pouvoir les payer.

Passez une journée entière sans vous plaindre --- et puis, toute votre vie!

*Un jour, vous vous réveillerez*
*et il ne restera plus de temps*
*pour faire toutes les choses que vous avez toujours voulu faire.*
*Faites-les maintenant !*
*— Paulo Coelho*

## Une Vie Simple

Mon père m'a raconté cette histoire quand j'étais petit et bien que nous sommes nombreux à l'avoir déjà entendue (elle a été racontée par Heinrich Bôll à l'origine), je crois qu'elle mérite d'être partagée régulièrement, et surtout à toutes les remises de diplômes à travers le monde. Savourez-là !

Il y a très longtemps, un été, un banquier passait ses vacances dans un petit village sur la côte. Il vit un pêcheur dans un petit bateau sur la jetée avec une poignée de poissons qu'il venait d'attraper. L'homme d'affaires lui demanda combien de temps cela lui prenait pour attraper un poisson, et l'homme lui répondit qu'il n'avait été en mer qu'une heure ou deux.

« Pourquoi n'êtes-vous pas resté plus longtemps en mer pour attraper plus de poissons ? » lui demanda le banquier.

Le pêcheur lui répondit qu'il restait assez longtemps pour avoir de quoi nourrir sa famille tous les jours et qu'il rentrait après.

« Mais il n'est que 2 heures de l'après-midi ! » lui dit le banquier, « Que faites-vous le reste de la journée ? »

Le pêcheur sourit et dit : « Eh bien, je fais la grasse matinée tous les jours, et puis je vais pêcher un peu, je rentre à la maison, je joue avec mes enfants, je fais une sieste l'après-midi et puis, ma femme et moi marchons jusqu'au village en fin de journée pour nous détendre, jouer de la guitare avec nos amis, rire et chanter jusqu'au petit matin. J'ai une vie merveilleuse et bien remplie. »

Le banquier se moqua du jeune homme : « Eh bien, je suis un homme d'affaires de New York ! Laissez-moi vous dire ce que vous devriez faire au lieu de gâcher votre vie de la sorte ! Vous devriez pêcher plus de poissons pour en vendre aux autres et vous pourriez acheter un plus grand bateau avec l'argent que vous gagnez et comme ça, vous attraperiez plus de poissons ! »

« Et après ? » lui demanda le pêcheur. Les yeux du banquier s'arrondirent et il expliqua avec enthousiasme : « Vous pourriez acheter toute une flotte de bateaux de pêche, avoir votre propre affaire et gagner beaucoup d'argent ! »

« Et après ? » redemanda le pêcheur. Le banquier leva les mains au ciel et dit : « Vous auriez des millions ! Vous pourriez alors quitter ce petit village et vous installer en ville et gérer votre entreprise de là-bas ! »

« Combien de temps cela prendrait-il ? » demanda le pêcheur. « De 15 à 20 ans » répondit le banquier.

« Et après ? »

Le banquier éclata de rire et dit : « C'est le meilleur moment. Vous pourrez alors vendre votre affaire, acheter une maison dans un petit village, faire la grasse matinée, pêcher un peu, jouer avec vos enfants, faire des siestes l'après-midi et aller avec votre femme au village après le diner pour vous détendre, chanter et jouer de la guitare avec vos amis. Vous auriez une vie merveilleuse et bien remplie ! »

Le pêcheur sourit au banquier, mit ses poissons dans son panier en silence et tourna les talons.

*Vivez simplement pour que les autres puissent simplement vivre.*
*— Gandhi*

## La Connaissance est à Peine la Moitié de la Bataille

On ne fait jamais la même erreur deux fois. La deuxième fois que vous la faites, ce n'est plus une erreur, c'est un choix. Nous sommes globalement une série de mauvaises décisions.

Si la connaissance suffisait à nous rendre sages, alors tous les retraités seraient des Maîtres Zen. Parvenir à la prise de conscience n'a rien à voir avec ce que nous savons mais avec ce que nous faisons avec cette connaissance.

Méditer pour que tous les êtres vivants soient libérés de leur souffrance ne fait pas de vous un bouddhiste ; pas plus que réfléchir à acheter un billet de loterie ne fait de vous un millionnaire. Considérez toute personne dans le besoin comme une invitation à vous rendre utile et vous ferez ainsi vraiment preuve de compassion.

Le Buddhist Boot Camp vous invite à relever vos manches pour vraiment aider une personne dans le besoin, et à prendre l'habitude de faire ce qui est nécessaire.

Tout prend forme à partir de vous et des décisions que vous prenez. Commencez d'abord avec vos modes de comportement, vos choix de nourriture, et décidez comment utiliser votre temps, votre argent et vos qualités pour les autres de manière efficace.

Imaginez que chaque personne que vous rencontrez est le Bouddha et vous ne serez pas cupide, haineux et irrespectueux envers qui que ce soit. Cessez d'essayer d'avoir toujours raison ou de prouver que vous êtes supérieur aux autres et au lieu de ça, recherchez la connexion avec autrui.

Nous sommes tous dans le même bateau. Répondez à ces questions : Qu'est-ce qui porte préjudice à votre santé ? Pourquoi est-ce que vous continuez de le faire ?

*Nombreux sont ceux qui connaissent La Voie*
*mais peu l'empruntent.*
*— Bodhidharma*

# LA COLÈRE,
LES INSÉCURITÉS ET LES PEURS

## À l'Origine de Notre Souffrance

Afin de réduire la quantité de stress dans nos vies (ainsi que la colère, la peur, la déception, l'anxiété et l'intolérance), nous devons commencer par réduire nos attentes.

Si vous devenez agressif à cause de la circulation lorsque vous êtes au volant, si vous râlez parce que les employés de la banque prennent 'trop de temps' avec un autre client, si vous êtes déçu(e) parce qu'un ami oublie votre anniversaire ou déçu quand le temps ne s'améliore pas pour votre pique-nique, sachez que la plupart de vos attentes sont excessives et égocentrées.

Quand on ne s'attend pas à ce qu'un film soit sensationnel, on n'est pas vraiment déçu s'il n'est pas très drôle. Si on ne décroche pas le jackpot à Las Vegas, ce n'est pas très grave si on ne s'attend pas à gagner ; et, pour les adultes, un livre a le droit de mal finir. Quand on n'attend rien, on ne retombe pas comme un soufflé si notre rendez-vous galant est grossier ou si un avocat est trop mûr à l'intérieur. Réfléchissez-y : la seule raison pour laquelle vous n'êtes pas déçu de ne pas trouver de lettre d'amour dans votre boîte chaque jour, c'est parce qu'au départ, vous n'en attendez pas.

Pour consolider une amitié saine à long-terme avec les gens proches, il suffit simplement de vous engager à ne jamais vous faire intentionnellement du mal. Et attendre aussi peu de l'autre nous inspire pour en faire un peu plus.

Soyez patient avec les employés du supermarché et les serveurs au restaurant. Ils sont peut-être plus lents parce qu'ils sont malades ou qu'ils ont une migraine et il est tout à fait possible qu'ils aient reçu de mauvaises nouvelles ou que ce soit leur première semaine de travail. Le problème n'est pas qu'ils soient trop lents ; le problème est votre exigence. Ils ont peut-être un handicap quelconque qui les empêche d'aller plus vite. Soyez patient.

Nous sommes blasés par une société qui encourage les livraisons pour le lendemain, les bornes de paiement express, les services clients 24h sur 24, les voyages en avion, les remises immédiates, la messagerie instantanée et le café soluble. À force d'être encouragé à obtenir ce que l'on veut, comme on le veut et tout de suite, nous sommes conditionnés pour nous déplacer plus vite, être multitâches, lire en diagonale et utiliser les drive-in, ce qui laisse peu de place dans nos vies pour apprendre la patience, la tolérance, l'écoute ou la respiration consciente.

Allez ! Ralentissez la cadence, respirez les fleurs et mâchez votre nourriture.

C'est alors, et seulement alors, que vous serez en mesure d'être bon envers vous-même et les autres.

*À partir du moment où vous vous libérez de l'idée que le monde doit satisfaire vos exigences, vos déceptions disparaissent.*
*— Dan Millman*

## L'Origine de la Colère

La colère est comme un masque qui cache les sentiments blessés ou la peur. Alors, la prochaine fois que vous êtes en colère après quelqu'un, essayez de remonter aux racines de ce sentiment, ancrées dans la déception, la honte, la peur, la souffrance, l'impatience ou l'embarras. Apprenez à expliquer habilement CES ÉMOTIONS-LÀ à la place de la colère et vous trouverez rapidement la paix en comprenant le malentendu.

D'une certaine manière, il est devenu socialement acceptable d'exprimer sa frustration et son irritation en public en hurlant, en claquant les portes, en faisant un doigt d'honneur ou en sortant brusquement d'une pièce. Cependant, pour une raison que j'ignore, la sensibilité et la fragilité sont encore considérées comme un signe de faiblesse (surtout chez les hommes), alors que l'honnêteté et la grâce demandent beaucoup plus de courage que la mauvaise humeur.

Si on se sert de la colère pour motiver le changement et renforcer la détermination, cela peut faire avancer nos bonnes intentions sans faire de mal. Mais quand la colère n'est pas gérée avec prudence, elle peut se transformer en haine et en rage et ça n'est pas seulement stérile, c'est dangereux.

Quand vous êtes déçu ou fâché, prenez un moment pour réfléchir à ce que vous souhaiteriez accomplir et vous vous rendrez compte que vous obtiendrez rarement, voire jamais, les résultats attendus en hurlant ou en piquant une crise. EXPLIQUEZ votre colère, ne l'exprimez pas et vous ouvrirez instantanément les portes à des solutions et à la compréhension.

La plupart des gens disent que 'c'est plus facile à dire qu'à faire' mais quand vous envisagez la facilité ou la difficulté de n'importe quelle pratique, n'oubliez pas d'examiner les défis d'une alternative. Aussi difficile que cela puisse être d'exprimer nos insécurités de manière saine, il est beaucoup plus préjudiciable de perdre notre sang-froid ou de refouler nos sentiments. Rappelez-vous du conseil de Freud : « La douleur ne se décompose pas quand on l'enterre. »

La gratitude est l'antidote de la colère. On ne peut pas être reconnaissant et en colère en même temps (l'un écrase l'autre). Choisissez alors la gratitude à chaque fois parce qu'elle ne manque jamais de rassurer l'esprit.

*Personne ne peut vous faire sentir inférieur*
*sans votre consentement.*
*— Eleanor Roosevelt*

## Les Deux Loups

C'est comme s'il y avait deux versions de moi : une est calme, sincère, généreuse, indulgente, harmonieuse et sage, et l'autre est parfois cupide, égoïste, malhonnête et querelleuse. Alors, quand je me réveille chaque matin, je dis bonjour aux deux mais je promets de n'écouter que la plus sage des deux pour le restant de la journée.

Ce qui est drôle c'est que la partie égoïste de ma personnalité est bruyante et odieuse et est toujours en train de hurler : « Écoute-moi, écoute-moi ! » alors que la partie désintéressée est tranquille comme un Bouddha avec un petit sourire qui en dit long et qui pense : « Tu sais ce que tu dois faire… ».

Je crois que ces deux versions existent en chacun d'entre nous et que nous sommes capables d'être l'une ou l'autre. Le choix nous appartient avec chaque décision que nous prenons.

C'est comme l'histoire que l'amérindien a raconté à son petit-fils : « Deux loups se font bataille en chacun d'entre nous. L'un est le Mal (c'est la colère, l'envie, la cupidité, la rancune, le sentiment d'infériorité, les mensonges et l'égo), et l'autre est le Bien (c'est la joie, la paix, l'amour, la modestie, la gentillesse, l'empathie et la vérité). » Lorsque le garçon demanda : « Quel est le loup qui gagne ? », le vieil homme répondit : « Celui que tu nourris. »

*Il est préférable d'avoir un esprit ouvert par l'émerveillement qu'un esprit fermé par les certitudes.*
*— Gerry Spence*

## Connaître l'Antidote

J'aborde la peur de la même manière que j'aborde presque tout le reste dans la vie : avec un antidote. Voici ce que je veux dire : par exemple, la colère et la reconnaissance ne peuvent pas coexister au sein d'une même pensée ; c'est impossible d'un point de vue cognitif. Au moment où vous vous mettez en colère contre votre compagnon ou votre compagne par exemple, vous cessez d'être reconnaissant de les avoir dans votre vie ; et pourtant, au moment où vous revenez à la gratitude, la colère disparaît. C'est magique : la reconnaissance est l'antidote de la colère.

Le truc, c'est qu'au lieu de concentrer toute votre énergie pour 'vous libérer de la colère', concentrez-la pour 'renforcer votre gratitude'… et la colère se résorbera naturellement.

La peur, elle aussi, a un antidote et j'espère que vous arriverez à suivre le fil de ma pensée.

J'ai passé des années à envier les gens qui avaient la foi parce que j'étais trop cartésien pour la comprendre, ce qui était frustrant parce que j'avais entendu dire que si on nourrit sa foi, toute nos peurs meurent de faim, et je sais maintenant à quel point c'est vrai.

La 'Foi' est d'avoir confiance dans le déroulement des choses. QUELQUE CHOSE fait battre votre cœur à cet instant, fait respirer vos poumons, fait pousser l'herbe et fait tourner la terre. Qu'on aime l'admettre ou non, nous avons la FOI. Nous avons la foi que notre cœur continuera de battre et que nous nous réveillerons demain matin. Ce n'est pas quelque chose que nous SAVONS mais quelque chose en lequel nous CROYONS. Faites confiance au processus et respectez-le sans négliger cette foi extraordinaire qui est en vous. Ça ne veut pas dire qu'elle doive être confinée dans les méandres d'une religion. Moi, Timber Hawkeye, par exemple, ai La Foi Sans Religion.

Pourquoi est-il si important de reconnaître notre foi ? Parce que la foi est l'antidote de la peur.

Nous savons à présent que l'énergie se dirige là où nous portons notre attention. Ainsi, si vous vous focalisez sur vos peurs, elles deviennent plus importantes, mais si vous vous focalisez sur votre foi, vos peurs ne sont plus alimentées et finissent par mourir de faim. Le problème est que la peur a été instillée en nous depuis notre plus jeune âge avec une rigueur différente selon notre éducation, notre culture, notre famille etc.

Dans votre bataille 'contre la peur', je vous propose de changer de direction : au lieu d'essayer de vous libérer de la peur, renforcez votre foi… et la peur disparaitra d'elle-même.

C'est comme dans le yoga Kundalini si vous en avez déjà fait. La pratique implique beaucoup de respirations très rapides ce qui peut devenir très frustrant si vous essayez d'inspirer et d'expirer très vite. Toutefois, mon professeur de yoga dit que si on se concentre uniquement sur l'expiration, l'inspiration se fait automatiquement.

Faites confiance au processus naturel des choses mes amis. Laissez-le se dérouler (il va se dérouler de toute façon). Avec cette confiance, vous savez que les gens ont le droit d'être différents les uns des autres et que même si cela ne nous plaît pas, il existe une bonne raison pour ce qui se passe dans le monde et le contraire de notre propre vérité est également vrai. Ayez-Foi-Dans-Le-Processus.

Il existe un équilibre et une harmonie dans le monde (le pôle nord et le pôle sud), et c'est important pour ne pas perdre le contrôle, non ?

Alimentez votre foi et vos peurs disparaîtront d'elles-mêmes. Essayez la respiration rapide… Je le dis sérieusement. Fermez la bouche et respirez rapidement par le nez. Ça peut devenir compliqué SAUF si vous vous concentrez simplement sur l'expiration et laissez l'inspiration se faire sans effort.

*Être aimable avec ceux qui ne nous plaisent pas*
*n'est pas être hypocrite ;*
*cela s'appelle grandir.*
*— Anonyme*

## Il n'est Jamais Trop Tard

Angela a toujours rêvé de découvrir le monde en dehors de sa ville natale. Elle s'imaginait vivre dans un petit appartement quelque part et se réveiller en sentant les rayons du soleil sur son visage.

Pourtant, au lieu de prendre la décision de déménager, elle a passé sa vie à affronter chaque situation. Elle est restée avec son mari jusqu'à ce qu'il décide de la quitter, a fait le même travail pendant 15 ans et n'a acheté une nouvelle voiture que quand l'ancienne a rendu l'âme. Elle n'a pas compris que de ne PAS prendre de décision est déjà une décision majeure en soi.

Sa sœur Bonnie, quant à elle, a fait carrière aussi loin de la maison que possible et sa meilleure amie, Joy, est partie voyager en Europe où elle a décidé de rester vivre.

Le simple fait de prendre une décision peut être extrêmement stimulant. Nous nous sentons en contrôle de notre situation (plutôt que victimes) et quand les choses changent, nous changeons avec elles. Cette flexibilité et cette fluidité ne se produisent pas en un jour. Il existe un décalage entre le besoin de prendre une décision et le faire, et celui-ci est presque toujours rempli de peurs. Nous avons peur du changement et de l'inconnu, alors on s'accroche à un passé qui est déjà révolu et essayons d'éviter un avenir inévitable.

Toutefois, se rendre compte que ceci est notre problème ne suffit pas à le résoudre. C'est là que nous pouvons nous inspirer d'autres individus à travers le monde qui vivent selon des règles différentes. Ils ne vivent pas dans un monde différent du nôtre ; ils le regardent avec une perspective différente.

Bonnie était pleine de confiance et de courage par exemple, et Joy n'a pas mis sa peur dans ses valises pour son voyage en Europe (elle l'a laissée derrière elle). Intellectuellement, Angela savait que si sa sœur et sa meilleure amie en étaient capables, elle aussi pouvait faire les changements nécessaires dans sa vie, et elle a fini par y arriver !

Une chose à la fois : elle a éteint tout ce qui pouvait générer la peur, le doute, la paranoïa, l'anxiété et l'angoisse (c'est-à-dire, la télévision). Pour elle, c'était un grand changement car elle avait l'habitude de regarder le journal du matin avant d'aller travailler et elle écoutait aussi les informations à la radio dans sa voiture.

Évidemment, les nouvelles ne manquaient jamais de lui fournir de quoi être anxieuse pour la journée, tous les jours (que ce soit une épidémie d'un nouveau virus de la grippe, une fusillade au centre commercial, une intoxication alimentaire par les épinards, une alerte de sécurité à l'aéroport, une tempête imminente, le trop de sucre dans son café ou un rapport médical établissant un lien entre la coloration pour cheveux et le cancer du sein).

Et si cela ne suffisait pas, Angela avait l'habitude de regarder le journal télévisé avant d'aller se coucher ce qui, assez bizarrement, la rendait reconnaissante d'être encore en vie puisque tous les autres semblaient avoir été assassinés, violés, s'être fait volés ou avoir disparu pendant qu'elle était au travail.

Après avoir donné sa télévision à une maison de retraite locale, elle a annulé son abonnement au journal et à la place, a commencé à lire des livres sur l'art du bonheur. Elle a appelé Bonnie et Joy régulièrement et celles-ci étaient ravies d'entendre parler des changements qui s'opéraient dans sa vie. Elles lui conseillèrent de continuer à cultiver tout ce qui pouvait l'emplir d'amour, de lumière et de positif et à éliminer tout ce qui l'emplissait de peur (y compris son amie Gretchen, qui doutait de tous ceux qui essayaient soit de lui voler son identité, de profiter d'elle ou d'accéder à son ordinateur).

Angela a pris son courage à deux mains pour quitter son travail, déménager du New Hampshire et reprendre ses études. Elle a découvert les vertus bénéfiques d'aliments nourrissants et à présent, elle enseigne le yoga sur la plage à Honolulu.

Aujourd'hui, elle est l'inspiration quotidienne de nombreux touristes qui suivent ses cours de yoga à l'hôtel. Elle les invite à briser leur routine, prendre les décisions qui s'imposent et à changer leur vie.

Bonnie et Joy ont récemment fait une surprise à Angela en débarquant sur la plage un jour pendant un de ses cours de yoga pour lui souhaiter son anniversaire.

> *Ne découragez jamais quelqu'un*
> *qui continue de faire des progrès,*
> *peu importe si ça prend du temps.*
> *— Aristote*

## Maîtrisez Vos Humeurs

Essayez d'écouter les gens parler de leurs convictions sans les interrompre. Écoutez les catholiques, les juifs, les bouddhistes, les mormons, les anarchistes, les républicains, les membres du Ku Klux Klan, les hétérosexuels, les homosexuels, les carnivores, les végétaliens, les scientifiques, les scientologues, etc....

Devenez capable de TOUT écouter sans céder à la colère.

Le premier principe de ce Buddhist Boot Camp est que le contraire de votre vérité est également vrai. Acceptez que les points de vues de tout un chacun sur la réalité sont tout aussi valables que le vôtre (même s'ils vont à l'encontre de tout ce que vous croyez), et respectez le fait que la vérité des autres est tout aussi réelle pour eux que la vôtre l'est pour vous.

Alors (et c'est là que ça devient encore plus difficile), saluez-les et dites-leur : « Namaste », ce qui signifie que votre côté divin reconnaît non seulement le côté divin d'un autre mais le respecte également.

La compassion est le seul outil en mesure de détruire les frontières politiques, dogmatiques, idéologiques et religieuses.

Que nous puissions vivre dans la paix et l'harmonie.

*Vous ne serez pas puni à cause de votre colère ;*
*vous serez puni par elle.*
*— Le Bouddha*

## Les Insécurités

Alors que nous étions au bord de la piscine de nos amis, ma mère me dit un jour en passant : « En voilà un qui devient grassouillet ! »

J'avais 16 ans et j'étais loin d'être obèse mais je devais être déjà mal à l'aise avec les quelques kilos que j'avais en trop parce que c'est à partir de ce moment-là que j'ai commencé à devenir obsédé par mon poids.

Dans le mois qui a suivi, je lui ai demandé de m'emmener au magasin de sports pour acheter un Ab Roller (qui était l'appareil de musculation le plus populaire en 1993). Quand elle m'a demandé pourquoi je voulais l'acheter, je lui ai répondu : « Parce que je veux devenir stripteaser ! »

Elle en a ri bien sûr, pensant que je plaisantais, mais pour moi, la seule manière de gérer mon complexe 'grassouillet' était d'être payé pour enlever mes vêtements.

En fin de compte, il s'est avéré que mon insécurité n'avait rien à voir avec mon apparence parce que quand j'ai commencé à faire du striptease deux ans plus tard, avec des tablettes de chocolat en béton et un faux bronzage, c'était toujours le gros gamin pâlot qui me regardait dans le miroir.

Je n'en veux pas à ma mère d'avoir fait quelque chose qu'on ne fait pas tous régulièrement. Elle ne me l'a peut-être dit qu'une seule fois mais j'ai continué à me considérer gros et moche pendant des années à chaque fois que je me regardais dans le miroir. Vos mots ont un pouvoir extraordinaire --- même ceux que vous vous dites à vous-même--- alors, choisissez-les prudemment.

*Vos erreurs du passé vous guident, elles ne vous définissent pas.*
*— Anonyme*

## La Souffrance Derrière Nos Peurs

Alors que sa santé et sa mémoire se détérioraient, la grand-mère de mon ami a déménagé de chez elle pour s'installer chez sa fille afin d'être surveillée de plus près.

On a tous pensé que ce serait une idée géniale pour moi de m'occuper de la maison (maintenant que plus personne n'y habitait) et de peut-être louer une ou deux chambres et utiliser l'argent pour les médicaments et les soins coûteux de Mamie.

Il y avait des arbres fruitiers dans le jardin, comme pour beaucoup de maisons dans le quartier et j'avais l'intention de récolter le surplus du voisinage afin de le donner aux gens qui ne pouvaient pas se nourrir. Avec toute la quantité de nourriture normalement gaspillée, plus personne n'aurait faim.

Mon ami et sa femme me connaissaient depuis des années et pouvaient aveuglément confirmer que j'œuvrais toujours pour le bien des autres. J'acceptais, en toute bonne foi, de m'occuper de la propriété gratuitement, d'assurer sa maintenance et le nettoyage pour que la famille n'ait pas à s'inquiéter. Je m'engageais aussi bien sûr, à m'assurer que toute la famille ait un pied à terre agréable quand ils viendraient rendre visite. Assez bizarrement, quand on a soumis le projet à ses parents, et à ses oncles et tantes, tout le monde a pensé que c'était une bonne idée sauf la mère de mon ami, qui n'arrivait pas à surmonter ses peurs et son manque de confiance envers les autres (surtout un inconnu).

Elle avait peur que je mette le feu à la maison par accident et que je les attaque en justice et qu'ils perdent tout ce qu'ils possèdent, ou que je sous-loue les chambres illégalement et que je garde l'argent pour moi et que je saccage la maison, ou --- et elle a dit ceci avec un humour sinistre dans la voix --- que si j'étais aussi bon et généreux que son fils le prétendait, je laisserais (que Dieu nous en garde) des SDF dormir par terre quand il ferait froid dehors.

Je me suis rendu compte qu'il y avait beaucoup de souffrance derrière ses peurs. C'est toujours le cas. L'idée que quelqu'un vive dans la maison de sa mère rendait le fait que celle-ci était mourante, une réalité qu'elle trouvait dure à accepter et elle n'était clairement pas prête pour cela.

J'ai fait des allers et retours en avion pour rencontrer tout le monde, j'ai même fait appel à un avocat pour rédiger un accord qui ne me donnait aucun droit sur l'argent des loyers et qui m'interdisait d'engager toute poursuite pour quel motif que ce soit, qui stipulait l'intention de protéger les intérêts de la famille et surtout, l'intégrité de la grand-mère de la meilleure manière qui soit, mais sa fille ne voulait rien savoir.

À l'époque, c'était très frustrant et triste pour moi et je ne comprenais pas pourquoi elle refusait d'accepter la générosité de quelqu'un sans penser qu'il y avait anguille sous roche.

La grande majorité de la population était-elle devenue aussi cynique, blasée et pessimiste sans que je m'en aperçoive ? Les gens ne croient-ils plus dans les gestes spontanés de bienveillance et de générosité ? Si c'est le cas, il faut que nous fassions plus pour que les gens y croient de nouveau !

Ne soyez pas découragé par cette histoire. Qu'elle soit l'étincelle d'un feu dans votre cœur pour donner, pardonner et croire.

Une belle maison est à présent un cimetière de cafards et de geckos et tombe en ruines à cause de la moisissure et l'abandon, et j'imagine qu'il est arrivé la même chose au cœur de la mère de mon ami.

La grande leçon que j'ai apprise de cette histoire est qu'il est impossible de souhaiter quelque chose pour quelqu'un plus qu'ils ne le désirent pour eux-mêmes et que certaines personnes ne croient tout simplement pas en la lumière. (Comment ai-je pu être assez naïf pour ne pas le savoir avant ?) Et même si vous mettez la lumière devant leurs yeux, ils ne la verront jamais s'ils n'y croient pas.

Je me rends compte à présent qu'il est bien plus important d'ouvrir nos cœurs que nos yeux. Si nos cœurs sont fermés, peu importe ce que nous regardons --- nous ne voyons rien à sa réelle valeur : Une Merveille.

*Nous n'avons pas besoin d'une raison pour aider les autres.*
*— Anonyme*

## Être Reconnaissant pour Chaque Respiration

La phrase 'Prenez une profonde inspiration' est trompeuse. La respiration n'est pas quelque chose que l'on 'prend'.

La respiration est un don, un miracle qui nous est offert continuellement et pourtant, tout comme notre santé, nous la tenons pour acquise jusqu'au moment où elle nous est retirée. Acceptons ce présent avec gratitude et reconnaissance comme nous le ferions pour n'importe quel cadeau en disant : « Merci. »

Parfois, la société peut paraître maussade et ingrate et le monde dépourvu de reconnaissance mais certaines personnes y croient encore et c'est là que se tient la promesse.

Allez-y… acceptez quelques respirations profondes avec les yeux fermés et un sourire sur les lèvres.

Quelle joie d'être en vie !

> *Être satisfait enrichit l'homme pauvre ;*
> *Être insatisfait appauvrit l'homme riche.*
> *— Benjamin Franklin*

**VIVRE DANS LA GRATITUDE**

## Mieux Vaut Prévenir que Guérir

Un jour, je suis arrivé au bout du rouleau et j'ai finalement dit: « Ça suffit maintenant ! J'en ai assez de tes mensonges, de ta violence et ta manipulation. Va-t'en ! C'est FINI entre nous ! »

Même si nous avions grandi ensemble et partagé du bon temps pendant des années, c'était vraiment BON de finalement pouvoir quitter cette relation abusive. Cette nouvelle liberté m'a donné l'opportunité de grandir en tant que personne, de procéder à un examen de conscience, de lire et de passer beaucoup de temps au grand air.

Je dois admettre que les premières semaines de la séparation ont été plutôt difficiles. La routine de son étreinte familière me manquait vraiment quand je rentrais à la maison (parce que nous autres, les êtres humains, sommes réconfortés par la routine, même si elle est dysfonctionnelle). Mais aujourd'hui, ça fait 10 ans que nous ne nous sommes pas revus et je peux dire en toute honnêteté que ma télévision ne me manque pas :)

Bien sûr, TOUT n'est pas négatif, mauvais, violent ou rempli de publicités abêtissantes à la télévision mais en ce qui me concerne, j'ai été obligé de couper tous les ponts pour pouvoir gérer mon addiction. Est-ce que j'ai loupé des documentaires super, des leçons et des recherches sur la chaîne Découvertes par exemple ? Oui, bien sûr ! Mais ce qui est certain, c'est que me réveiller avec de mauvaises nouvelles ou aller me coucher avec encore plus de mauvaises nouvelles ne m'a certainement pas manqué. Au lieu de ça, j'ai fait mes propres recherches, à mon rythme, avec mes propres horaires, sans être interrompu par les publicités.

Au départ, le seul changement que j'ai remarqué était que je ne pouvais plus me joindre à la conversation de mes collègues de bureau autour de la fontaine à eau. Mais après 10 ans sans télévision, j'ai remarqué un changement beaucoup plus important : mes pensées m'appartenaient. Personne ne me disait quoi penser, quoi acheter, manger ou regarder ; je prenais mes propres décisions.

Je me demande si ce n'est pas le fait de ne pas avoir été exposé aux médias qui fait que je suis si heureux tout le temps. Parce que je ne me suis pas seulement débarrassé de ma télévision; j'ai arrêté de lire le journal et les magazines et d'écouter la radio aussi !

Dans un livre qui s'appelle Méditation, Eknath Easwaran explique qu'on ne mange pas seulement avec notre bouche ; nous mangeons aussi avec nos yeux et nos oreilles. Cela signifie que si nous regardons ou écoutons de la négativité toxique, de la violence, des ragots, et tout ce qui n'est pas propice à notre développement et notre maturité en tant qu'adultes, il se produit la même chose si nous ne mangeons que du sucre raffiné, de la friture et des graisses saturées : on devient malade. Mais cette maladie prend la forme de peur, de paranoïa, d'anxiété, de cupidité, d'insécurité, du manque de confiance envers nos frères et nos sœurs et d'insatisfaction envers la vie elle-même. Berk !

Heureusement pour nous, comme pour la plupart des maladies, la prévention est le meilleur remède !

Commencez par prêter attention à ce qui vous remplit de peur, de colère ou d'anxiété quand vous regardez la télévision et ce qui vous remplit d'amour inconditionnel, de gratitude, de confiance, de respect et d'un sentiment du divin dans tous les êtres (y compris vous-même) dans ce que vous lisez ou dans les activités que vous pratiquez.

Comme l'a dit Carlos Castaneda : « On peut se rendre misérable ou on peut se rendre heureux. La charge de travail est la même. »

Alors, allez-y et choisissez d'être heureux en passant par la première étape d'éviter tout ce qui vous rend MALheureux. Ça m'a vraiment beaucoup aidé !

*Les bourgeons fleurissent quand ils sont prêts.*
*C'est pareil pour les gens.*
*On ne peut pas les forcer à se presser ou à s'ouvrir.*
*Soyez patient.*
*— Timber Hawkeye*

## Les Versions de la Violence

La première fois que j'ai confronté ma mère sur son caractère abusif, elle m'a répondu : « Où ça ? Montre-moi les bleus ? » Étrangement, elle ne nous avait jamais frappés au point de laisser des marques mais les stigmates étaient profonds et l'abus n'était pas toujours physique. Remarquez, j'avais 13 ans à l'époque et j'étais incapable d'exprimer à quel point j'avais peur de mes parents.

Ce n'est que quand j'ai remarqué un poster au supermarché qui mentionnait le numéro d'urgence d'une association locale pour enfants maltraités que j'ai compris qu'il était illégal pour les parents de battre leurs enfants.

20 ans plus tard, j'ai entendu cette chanson d'Alanis Morissette, 'Les Versions de la Violence' et elle m'a fait comprendre que moi aussi, je pouvais être violent sans m'en rendre compte.

La chanson m'a donné l'occasion de réfléchir sur moi-même et de grandir, et j'en suis profondément reconnaissant. Donner des conseils sans qu'on nous le demande, contraindre, contrôler, cataloguer les gens, juger et s'occuper de ce qui ne nous regarde pas sont quelques versions de la violence qui nous touchent. Dans sa chanson, Alanis Morissette dit: « Ces versions de la violence, parfois subtiles, parfois évidentes. Et celles qui passent inaperçues, laissent quand même des traces une fois disparues. »

*Dans votre vie, tout va s'améliorer*
*dès que votre détermination d'aller de l'avant*
*est plus forte que votre hésitation à laisser tomber le passé.*
*— Timber Hawkeye*

## Pourquoi la Gratitude est Si Importante

Un jour, par un froid matin d'hiver, je me suis levé après une nuit sans sommeil. Les voisins s'étaient disputés, avaient claqué les portes, la foudre m'avait réveillé sans arrêt et je n'avais pas réussi à trouver une position confortable pour dormir. Je me suis levé d'humeur grincheuse, je me sentais frustré et ce n'était que le début de la journée.

Le plus important ? Deux mois auparavant, un ami m'avait suggéré d'essayer de méditer le matin ! Pour être honnête, je détestais ça. Pendant des années, j'avais suivi la même routine : prendre du café, écouter les informations, prendre mon petit-déjeuner et me connecter à l'ordinateur pour lire mes e-mails. Maintenant, avant de faire quoi que ce soit d'autre, je devais m'assoir pendant quelques minutes et me concentrer sur ma respiration ? La plupart du temps, je pensais à toutes les autres choses que j'avais envie de faire (ou je voulais retourner me coucher).

Comme vous pouvez l'imaginer, s'assoir pour méditer après une nuit sans sommeil était extrêmement difficile, mais une promesse est une promesse.

Je me suis levé, me suis dirigé vers le coin de l'appartement que j'avais dédié à la méditation, et je me suis assis avec toutes les pensées amères qui m'avaient tenu éveillé toute la nuit.

Toutefois, en l'espace de deux minutes, quelque chose d'intéressant s'est produit : aucun de mes griefs ne tenaient la route. Au lieu d'être énervé après l'orage, j'étais heureux d'être en sécurité à l'intérieur. La dispute de mes voisins m'a fait comprendre à quel point j'avais de la chance d'être dans une relation saine et en y repensant, je n'étais vraiment pas en mesure de me plaindre de m'être senti inconfortable dans mon lit alors que tant de gens dormaient dans des cartons dans la rue toutes les nuits !

C'était formidable de voir comment la gratitude était parvenue à piétiner toutes mes pensées négatives. Ma méditation du matin s'est avérée bien meilleure qu'une tasse de café et j'étais plein d'enthousiasme devant la journée qui s'annonçait. En fait, quand j'ai croisé mes voisins sur le palier, je me suis senti désolé et triste au lieu d'être en colère parce que je savais qu'ils avaient passé une nuit bien pire que la mienne.

La gratitude est un antidote merveilleux pour presque toutes les pensées négatives. L'instant même où on se met en colère après quelqu'un, est l'instant où nous oublions momentanément combien nous sommes reconnaissants de les avoir dans notre vie. Et dès que nous revenons à la gratitude, la colère disparaît. C'est génial !

Essayez ça quand vous en aurez l'occasion et vous verrez que vous ne pourrez pas vous empêcher de sourire.

*Si vous vous trouvez dans un trou,*
*la première chose à faire est d'arrêter de creuser !*
*— Will Rogers*

# Une Manière Simple d'Être le Changement

Auparavant, on s'appuyait sur l'église pour inculquer un sentiment de gratitude chez nos enfants mais à mesure que de nombreuses personnes se sont éloignées de l'église pour une raison ou pour une autre, il nous revient à tous de nous servir des outils en notre possession pour parler régulièrement de tout ce qui nous inspire de la reconnaissance.

Par exemple, en faisant passer des messages de gratitude sur Facebook et Twitter, nous rétablissons l'équilibre contre les peurs et l'anxiété instillées dans la société par les médias, par le biais des chaînes de télévision ou des stations de radio.

Montrons à la prochaine génération combien il est facile de trouver des choses pour lesquelles on est reconnaissant, sous peine de voir se développer une culture terrible du 'tout m'est dû', ce qui à mon avis, représenterait une véritable épidémie.

La gratitude est au cœur de l'objectif de chaque chapitre pour éveiller, éclairer, enrichir et inspirer. Je vous invite à faire de la gratitude, la base de vos commentaires en ligne, de vos interactions quotidiennes avec vos amis et votre famille et même pendant les pauses déjeuners au bureau. Tenez un journal dédié à la gratitude ou bien créer un mur de gratitude à la maison où chacun est libre d'écrire quand ils le souhaitent, pourquoi ils sont reconnaissants.

La prochaine fois que quelqu'un se plaint de son travail par exemple, soyez celui qui dit : « Je suis content d'avoir un travail. » Et si quelqu'un pleurniche parce qu'il/elle manque de quelque chose, soyez celui qui dit combien vous appréciez le peu que vous avez. Je ne suis pas en train de suggérer que vous soyez odieux au point de réfuter la vérité d'autrui mais vous pouvez, simplement et habilement, les conduire dans la direction de ce qui est positif parce que, faites-moi confiance, eux aussi le désirent, mais ils en sont incapables au moment présent. Soyez patients sans tolérer leur négativité. Un moyen habile.

Vous voyez où je veux en venir : n'alimentez pas le problème croissant des gens qui tiennent tout pour acquis et se sentent victimes ; à la place, célébrez le fait que nous vivons bien au-delà de la survie et que nous sommes déjà gâtés par rapport à tant d'autres !

> *Rechercher le bonheur à l'extérieur de nous-mêmes*
> *est comme attendre la lumière du soleil*
> *dans une grotte orientée vers le nord.*
> *— Proverbe Tibétain*

## Les Pensées, les Mots et les Actions

Si vous avez déjà emmené un chiot se promener, vous savez qu'il va courir après tout ce qui attise sa curiosité. Toutefois, après lui avoir appris à obéir à des commandes simples, il devient notre meilleur ami, obéissant et intuitif.

L'esprit peut être tout aussi actif et difficile à contrôler qu'un chiot, et pourtant, on ne lui a jamais appris à nous écouter. Et pourquoi ? Notre esprit poursuit des pensées au hasard, tire des conclusions hâtives et se concentre avec difficulté. En fait, nous avons tellement peu de contrôle sur lui que parfois, nous n'arrivons même pas à le faire taire à la fin de la journée. Si c'était un chiot, nous nous fâcherions !

Nous savons que le bouddhisme concerne l'entraînement de l'esprit et qu'il existe de nombreuses méthodes pour ce faire. Le second principe du Buddhist Boot Camp est que nos pensées deviennent des mots et que nos mots deviennent des actions. Pourtant, pour entraîner l'esprit, le Buddhist Boot Camp nous invite à faire marche arrière. Commencez par changer vos actions, puis soyez attentifs à vos mots et vos pensées finiront par suivre le mouvement.

Tout d'abord, identifiez et éliminez vos mauvaises habitudes (quelles qu'elles soient). Par exemple, si vous avez l'habitude d'agir sous le coup de la colère, il n'existe pas de sol fertile dans votre esprit pour faire pousser la graine de la gratitude. Pour avoir des pensées positives, vos actions doivent être en harmonie avec vos intentions.

Faites partie de la solution en ne faisant pas partie de la pollution parce qu'il n'est pas suffisant d'étudier le bouddhisme ; nous devons mettre en pratique ce que nous apprenons !

Entraîner l'esprit demande une grande maîtrise de soi, de la volonté, et d'être libéré de la colère (que vous suiviez cette méthode en particulier, ou la méditation transcendantale, le yoga ou toute autre démarche).

Ce Buddhist Boot Camp n'est pas forcément fait pour vous apprendre quelque chose de nouveau mais pour vous encourager à mettre en pratique ce que vous savez déjà ; pour vous montrer la direction de la gratitude et de l'amour inconditionnel. Il n'est pas suffisant de PENSER à la compassion et à la gentillesse ; nous devons ÊTRE reconnaissants et aimables. Allez, au travail maintenant !

> *Une minute de pratique*
> *vaut plus qu'une heure de prêche.*
> *— Gandhi*

## Faire ce qui est Juste

Clyde est veuf et père de deux enfants. Quand sa femme est décédée du diabète de type II l'année dernière, il s'est promis de mieux prendre soin de la santé de la famille en faisant régulièrement 3 nouvelles choses : manger plus de fruits et de légumes, faire de l'exercice et ne plus jamais manger de fast-food.

Ce soir, avec seulement $10 à dépenser pour le diner, il va faire de la purée de pommes de terre, du poulet grillé et du brocoli cuit à la vapeur. Bien qu'il souhaiterait n'acheter que du bio, il ne peut pas se le permettre en ce moment, alors il fait de son mieux en évitant la nourriture industrielle, les boissons gazeuses, et tout ce qui contient trop de sucre.

Laura est la femme qui se tient derrière Clyde au supermarché. Sa vie est complètement différente de la sienne. Son charriot à elle est rempli de produits de saison bio qu'elle peut se permettre d'acheter sans hésiter. Bien qu'elle soit une végétarienne stricte et une grande fan des marchés fermiers locaux, elle ne peut décemment pas en vouloir à Clyde de manger de la viande ou d'acheter des produits qui ne sont pas bio. Les produits bio sont meilleurs que les produits conventionnels, certes, mais les produits conventionnels sont meilleurs que les fast-foods. Si on considère le moment, le lieu et les circonstances, Clyde fait ce qui est juste. Et elle aussi.

Ne jugez jamais personne pour leurs choix et souvenez-vous toujours que le contraire de votre vérité est également vrai.

Le point de vue de chacun sur la réalité vaut autant que le vôtre alors, peu importe si vous êtes certain de faire ce qui est 'juste', vous devez accepter humblement que quelqu'un d'autre qui fait tout le contraire puisse lui aussi faire ce qui est 'juste'.

Tout dépend du moment, du lieu et des circonstances. L'expression 'Vous devriez' n'a pas sa place dans une pensée de gratitude !

> *Faites tout le bien possible,*
> *par tous les moyens possibles,*
> *de toutes les façons possibles,*
> *dans tous les endroits possibles,*
> *aussi souvent que possible,*
> *à autant de gens que possible,*
> *aussi longtemps que possible.*
> *— John Wesley*

# Le Militantisme

Hier, j'ai rencontré une femme géniale qui, au départ, donnait l'impression d'être une militante politique amère, agressive, blasée, et une féministe indignée. Plus je parlais de la façon dont, d'après moi, la paix dans le monde commençait par notre propre introspection (en modifiant notre état d'esprit pour finalement s'élever au-dessus de la cupidité, de la haine, de l'ignorance et de la peur), et plus elle semblait contrariée que je ne propose rien pour changer 'un système corrompu'.

Nous avons parlé pendant une heure ou deux avant qu'elle ne baisse sa garde suffisamment longtemps pour au moins comprendre (mais pas forcément être d'accord) que nos approches étaient complètement différentes mais qu'elles avaient le même objectif.

Après tout, 'le système' est composé de personnes. En élevant la nouvelle génération pour qu'elle soit pacifique et fasse preuve de compassion, nous construisons les systèmes de l'avenir pour qu'ils fonctionnent avec des objectifs altruistes au lieu d'une soif de pouvoir.

Cette femme voulait que le changement mondial arrive MAINTENANT et je l'admire pour ce sentiment d'urgence et cette passion. Nous devons utiliser des tactiques différentes pour atteindre une grande variété de publics et bien qu'elle soit une militante révolutionnaire qui œuvre pour éveiller la conscience d'une manière différente de la mienne, elle est en fait un soldat de la paix dans l'armée de l'amour.

J'ai compris que nous sommes tous des activistes à notre manière. Je ne manifeste pas avec des bannières pour renverser des gouvernements par exemple, mais j'ai écrit un livre et je plante des graines de gratitude dans l'espoir de rappeler à tous et toutes ce que signifie vraiment l'expression 'pour le peuple'. Je ne me suis jamais pris pour un militant auparavant, mais j'imagine qu'à ma manière, j'en suis un à présent.

Les soldats de la paix dans l'armée de l'amour sont souvent difficiles à identifier comme alliés parce que certains se servent de méthodes complètement différentes des nôtres. Un observateur extérieur aurait pu croire que cette femme et moi étions en train de nous disputer mais je crois qu'en fait, nous étions en train de grandir et j'en suis éternellement reconnaissant.

*Si vous m'invitez à un rassemblement contre la guerre, je n'irai pas.*
*Invitez-moi à un rassemblement pour la paix,*
*et j'y serai !*
*— Mère Teresa*

## La Pérennité

Quand j'avais la vingtaine, je me faisais tatouer à la fin de chaque relation. Je pense que c'est parce que j'étais déçu et que je cherchais quelque chose de permanent quand tout semblait si incertain.

Par chance, j'ai choisi des phrases ou des représentations artistiques de choses en lesquelles j'aurai toujours envie de croire. Elles me rappellent ce qui est vraiment important :

L'Amour Inconditionnel, l'Honnêteté, le Respect, la Confiance, la Maîtrise de Soi, la Volonté, être Exempt de Colère, le Bonheur, la Sérénité, l'Égalité, la Force, la Divinité, la Liberté, l'Esprit d'Aloha, se Soutenir les Uns les Autres, le Sentiment d'Appartenance --- et quand je me suis aperçu que tout cela était très sérieux, j'ai ajouté un tatouage de joueur de volley pour le Fun.

Est-ce que nous cherchons tous quelque chose de pérenne dans un monde éphémère ?

À partir du moment où nous acceptons – sans craindre – que tout est temporaire, nous sommes en mesure d'apprécier chaque respiration comme un présent. Que ce soit l'amour d'un ami, notre famille, la jeunesse ou la vie elle-même, célébrons et apprécions de l'avoir déjà aujourd'hui.

*Vivez comme si vous deviez mourir demain.*
*Apprenez comme si vous deviez vivre pour toujours.*
*— Gandhi*

## À Vous de Décider !

En grandissant, je pleurais dans ma chambre et j'essayais de trouver le moyen de me tuer ou de tuer les gens que je tenais pour responsables de ma misère pour qu'elle s'arrête.

Par la suite, j'ai fini par découvrir l'approche bouddhiste pour atténuer la souffrance : je ne me suis pas débarrassé de ma mère par exemple ; je me suis débarrassé de mon attachement à elle. Il y a une cause à notre souffrance et il y a une porte de sortie.

En fait, je la détestais parce qu'elle ne correspondait pas à mes attentes de ce qu'une mère 'devait' être. Mais dès que j'ai identifié ces attentes, je me suis finalement aperçu qu'elle était mon plus grand maître, pas mon ennemie ; et j'ai accepté le fait qu'elle faisait de son mieux.

Bien qu'elle n'ait pas eu un comportement que je voulais reproduire en grandissant, elle m'a parfaitement démontré ce que je NE VOULAIS JAMAIS devenir et c'est une leçon tout aussi importante.

J'ai appris que personne n'est responsable de votre bonheur (ou malheur), à part VOUS !

*Quand quelqu'un vous aime,*
*il n'est pas obligé de le dire.*
*Vous le savez par la manière dont il vous traite.*
*— Anonyme*

## La Charte de la Compassion

Cet après-midi, quelqu'un m'a vu avec mon livre à la main et m'a demandé : « Êtes-vous bouddhiste ? » et je ne savais pas quoi répondre. Je suis beaucoup de choses et pourtant, aucune d'entre elles ne me définit vraiment. Bien que je sois techniquement juif, mon mantra est hindou, j'ai été ordonné bouddhiste et ma prière du matin est la prière catholique de St François d'Assises. J'étudie à la fois la religion et la psychologie (pour comprendre pourquoi et comment les gens croient ce qu'ils croient), et je me retrouve à être complètement en accord avec le texte non confessionnel de la Charte pour la Compassion, comme suit :

Le principe de la compassion est au cœur de toutes les traditions religieuses, éthiques et spirituelles, nous appelant à toujours traiter autrui comme nous voudrions être traités nous-mêmes. La compassion nous encourage à œuvrer sans relâche pour atténuer la souffrance de nos semblables, à nous détrôner du centre de notre monde et à donner la place à un autre et à honorer le caractère sacré et inviolable de chaque être humain, à traiter tout le monde, sans exception, avec une justice, une équité et un respect absolus.

Il est aussi nécessaire (à la fois dans la vie publique et privée), d'éviter systématiquement et catégoriquement d'infliger la douleur. D'agir ou de parler avec violence par dépit, par chauvinisme ou par intérêt personnel, d'appauvrir ou d'exploiter ou de priver qui que ce soit de leurs droits fondamentaux et d'inciter à la haine en dénigrant autrui – même nos ennemis – est un déni de notre humanité commune. Nous reconnaissons que nous n'avons pas réussi à vivre dans la compassion et que certains ont même aggravé la misère humaine au nom de la religion.

Nous appelons donc tous les hommes et toutes les femmes à rétablir la compassion au centre de la morale et de la religion ; à revenir au principe originel que toute interprétation d'écritures qui engendrent la violence, la haine ou le dédain est illégitime ; à s'assurer de donner aux jeunes des informations précises et respectueuses sur les autres traditions, religions et cultures ; à encourager une appréciation positive de la diversité culturelle et religieuse ; à cultiver une empathie avisée avec la souffrance de tous les êtres humains (même ceux que l'on considère comme nos ennemis).

Il est urgent que nous fassions de la compassion une force claire, lumineuse et dynamique dans notre monde de polarités. Enracinée dans une volonté de principes pour transcender l'égoïsme, la compassion peut détruire les frontières politiques, dogmatiques, idéologiques et religieuses. Née de notre profonde interdépendance, la compassion est essentielle aux relations humaines et à une humanité comblée. C'est la voie de l'illumination et elle est indispensable à la création d'une juste économie et d'une communauté mondiale pacifique.

*La seule et unique façon de vérifier si une idée religieuse,*
*une doctrine, une expérience spirituelle,*
*ou une pratique liturgique est fondée,*
*est qu'elle doit mener directement à la pratique de la compassion.*
*— Karen Armstrong*

## Plus Facile à Dire qu'à Faire

La réaction la plus fréquente et la plus courante aux messages de ce livre est : « C'est plus facile à dire qu'à faire. »

Allons… C'est un camp de survie. Ce n'est PAS la voie de la moindre résistance.

Entraîner nos esprits à être plus positifs, tendres, indulgents et bons peut être 'plus facile à dire qu'à faire' mais c'est certainement plus facile que de passer le reste de votre vie dans la cupidité, la haine et la colère !

C'est à nous de faire le travail si nous voulons nous libérer des carcans de l'ignorance.

Relâchez ce qui vous tue, même si cela vous tue de lâcher prise!

*Une randonnée facile dans la mauvaise direction est bien plus épuisante et nuisible qu'une escalade vers l'euphorie.*
*— Timber Hawkeye*

Du même auteur:
La Foi Sans Religion

Quand sa quête du bonheur dans l'Amérique des entreprises devient contre-productive, Timber Hawkeye fuit l'enfer de l'éclairage fluorescent de son bureau à Seattle et décide de s'adonner corps et âme à la douceur de vivre d'Hawaii. Intrigué et curieux de comprendre ce en quoi les gens ont foi (et pourquoi), il remet en question toutes ses certitudes et découvre la beauté du lâcher-prise.

Si vous pensez être spirituel mais pas religieux, vous allez adorer ce livre qui est source d'inspiration. Et si vous souhaitez mener une vie simple et sans complication avec le bonheur à portée de main, vous aurez envie de le lire plus d'une fois !

« Ce n'est pas que je sois contre la religion, je n'en ai pas, tout simplement (et je ne pense pas non plus qu'elle soit nécessaire pour faire preuve de moralité). Ma foi ne comporte aucune doctrine et ma définition de Dieu n'évoque pas l'idée d'un homme blanc vivant dans le ciel qui bénit la bonne conduite et qui punit sévèrement la mauvaise. Je ne crois pas que Dieu en soit capable ; mais la religion, oui. La foi est la pratique spirituelle du renoncement à la certitude, à l'égo et au besoin de savoir sous-jacent alors que la religion est une tradition cérémonielle où l'on s'accroche à des dogmes imposés, où l'on s'obstine dans la rigidité avec d'anciens rituels. »

Découvrez la différence entre les sentiments et les émotions, la disparité entre les vérités et les faits ainsi que les innombrables avantages d'une vie en pleine conscience.

Pour plus d'information, rendez-vous sur le site:
**TimberHawkeye.com**

Participez aux échanges sur Facebook:
facebook.com/BuddhistBootCamp
et sur Instagram: @BuddhistBootCamp

www.ingramcontent.com/pod-product-compliance
Lightning Source LLC
Chambersburg PA
CBHW021439080526
44588CB00009B/602